도시탈출
비근로소득의 시작

마이티북스

| 목 차 |

도시를 탈출하니 희망이 보인다

부동산 불패신화는 대한민국의 핵심 키워드다. 아니나 다를까, 2019년부터 2022년 사이에 공동주택의 대표 격인 아파트가 미친 듯이 올랐다. 그것이 거품인지, 인플레이션의 영향인지는 잘 모르겠다. 확실한 건 그 기간 동안 오늘이 가장 싸다니 말이 유행처럼 돌았다는 거다. 그래서 오늘 사지 않으면 절대 못 산다는 말도 있었다. 그렇다보니 영혼까지 끌어 모아 아파트를 산 사람들, 즉 '영끌'해서 아파트를 산 사람들이 나타났다. 그들 중 돈을 번 사람도 있을 테지만, 유감스럽게도 삶이 망가진 사람도 있다. 2023년 들어 거짓말처럼 들끓던 열기가 일순간에 수그러들었다. 아파트 가격이 내려가고, 전세금이 떨어졌다. 역전세니, 역월세니, 깡통 아파트니 그런 기사가 쏟아져 나왔다. 결과적으로 현재 미분양 아파트가 7만 채가 넘어갔다고 한다.

그렇게 대한민국 도시화율은 92%가 넘었다고 한다.

나는 2010년 도시를 떠났다. 구체적으로 말하면 아파트를 떠나 수도권 외곽 단독주택에 12년째 살고 있다. 나는 단독주택에 살고 싶다는 일차적인 욕망도 있었지만, 결과적으로 주거비용을 아낄 수 있다는 기본적인 계산이 깔려 있었다. 출퇴근 가능한 외곽의 단독주택에 살면, 주택가격이 더 저렴하기도 하고, 출퇴근비용과 소요시간을 포함하더라도 도심 속 아파트 생활을 유지하는 대출금보다 경제적이었기 때문이다. 무엇보다 그로 인한 삶의 질 향상이 공동주택보다 낫다는 생각에 어렵게 나의 아내를 설득해 단독주택으로 이사를 했다.

도시에 살며 가정을 꾸린 대부분의 직장인은 공동주택에 살고 있다. 그 중에서도 아파트의 비율이 높다. 과거, 아파트는 주거의 혁명이었다. 침대 문화, 화장실, 그리고 식탁이 우리를 새로운 삶으로 안내했다. 그랬던 아파트가 이제는 삶의 재산 축적의 도구로 자리 잡아 또 한 차례 우리의 삶을 바꾸고 있다. 어느 지역, 무슨 브랜드, 몇 평에 살고 있다는 정보면 충분하다. 그것만으로 그 사람의 주머니 사정을 훤히 가늠할 정도다. 그만큼 아파트는 우리 생활에서 부의 척도로 자리매김하고 있는 중이다.

땅 지분은 몇 평이 되지 않지만, 아파트를 구매하려면 서울이건 지방이건 거대한 돈을 지불해야 한다. 산이 높으면 골도 깊다. 빚 함정의 골이 얼마나 깊으면, 요즘은 30년 설계 연한인 아파트를 50년 대출 해준다고 한다. 어쩌면 어떤 사람은 아파트 한 채로 인해 빚을 죽을 때가지 갚아야 할지도 모른다. 사람마다 다르겠지만, 나는 내 하나뿐인 인생을 평생 돈의 노예로 만드는 아파트에서 살고 싶지는 않았다. 그래서 자청의 "역행자"처럼 나도 역발상을 했다.

대중이 가는 길로 가면 평범한 삶은 살 수가 있을 것이다. 그러나 대중과 멀어지면 안 보이던 것이 보일 수 있다. 숲속을 나와 숲을 보면 큰 흐름을 볼 수도 있다는 말이다. 도시 직장인이 단독주택으로 이사를 한다는 것은 쉽지 않다. 또한 노후에는 도시 병원 가까이 살아야 한다고 만나는 사람마다 이야기한다. 그러나 나는 『조화로운 삶』의 저자 헬렌과 닐 스코링의 부부 책을 보면서 더욱 마음을 굳혔다. 오히려 도시와 병원을 멀리하는 것이 건강한 삶을 안겨줄 수도 있다는 그들의 말에 마지막 의심의 조각마저 걷어낸 것이다.
공동주택이 넘쳐나는 세상에 나는 주택을 투자의 개념보다는 주거의 개념으로 생각하고, 집중하기로 했다.

그렇게 남들은 다 돈으로 생각하는 아파트를 떠나 단독주택으로 향했다. 내가 고른 주택가격은 서울 아파트 가격에 비하면 얼마 되지도 않았지만, 역설적으로 그만큼 빚이 큰 폭으로 줄어드는 계기가 되었다. 자산 형성을 위한 선택을 대중과는 전혀 다르게 하였는데, 오히려 빚을 청산하게 된 것이다. 이후로는 지출을 아끼고 저축하는데 신경을 썼다. 무엇보다 내가 먹을 것을 직접 일부 생산하게 되니 내 노동 수입을 비근로소득으로 전환할 수 있었다. 이후로는 삶의 질이 빠르게 개선되었다.

무엇보다 이제 빚이 없으니 심적으로 안정이 찾아왔고, 고정된 부동산보다는 현금흐름을 원활하게 하여 노동 수입이 단절되더라도 걱정이 되지 않는 수준이 되었으니까. 그래서 감히 말해본다. 도시 문화는 온통 소비의 문화라 생산이 없다고.

만약 그때 아파트를 탈출하지 못했다면, 나도 평생 빚을 갚기 위해 내가 여태 번 모든 돈을 쏟아 부었을지 모를 일이다. 그리고는 빈 주머니에 불안함만 채운 채로 암담하게 노후를 맞이하게 되었을지도….

세상과는 다른 선택을 했기 때문에 2020년 전후로 아파트가 한창 오를 때도 아무런 감흥이 없었다. 그런 건 나와는 전혀 무관한 것이라 생각했다. 실제로 내가 살고 있는 단독주택 가격이 얼마인지 관심조차 없었다. 다른 이들과는 달리 주거의 개념만으로 주택을 선택했기 때문이다. 그러니 마음이 흔들릴 이유가 없었다. 이런 확고한 나와는 달리, 아내는 나의 설득으로 선택했던 터라 감정의 기복이 있었다. 2020년 전후로 지인들의 아파트 가격이 많이 올라 그땐 잠시 그걸 부러워했었다. 그렇지만, 이후로 이어진 가격 변동을 보며 아내는 나를 더욱 신뢰하게 되었다.

이 기회를 빌어 나의 진심을 알아준 나의 아내에게 감사한 마음을 전한다.

요즘은 해외여행 가보지 않은 사람이 없을 것이니 다들 잘 알 것이다. 선진국, 후진국 할 것 없이 공동주택보다는 단독주택의 삶이 많다. 예전부터 나는 그런 단독주택의 삶이 부러웠다. 그 부러운 마음을 실천으로 승화하여 조화로운 삶을 살고자 했다. 내게 공동주택은 직장을 다니기 위한 임시 거처일 뿐이지 지속적인 삶을 살아갈 곳은 아니었다.

결과적으로 난 꿈꾸던 바를 이루었다. 이사를 하였고, 이사 후에는 현금흐름을 바꾸어 비근로소득을 늘려나가는 중이다. 그래서 이 글을 읽는 모두에게 감히 제안하는 바이다.

도시 외곽 출퇴근 가능한 주택들은 서울의 전세가격이면 충분히 살 수가 있다. 물론 어느 특정 지역처럼 고급 단독주택이 있는 지역을 이야기하는 것은 아니다. 외곽 조금만 나가면 경기도에도 빈집이 있다.

그러니 여러분에게도 앞으로 빚에 허덕이지 않고 조화로운 삶을 살 수 있는 기회가 아직 남아있다는 말이다.

1장. 왜 도시 탈출인가

　엄밀하게 이야기하면 공중주택의 대표 격인 아파트 탈출이다.
　남자들의 로망 중 하나가 단독주택 아닌가? 나도 그런 사람 중 하나였다. 주거는 우리가 생활하는 중요한 공간 중 하나다.

　사람들이 주택에 산다고 하면 항상 물어보는 것이 있다. 아니, 만난 사람들의 99%가 물어보는 것 같다.

　"전원주택에 사세요?"

　미국인 하면 커피도 아메리카노만 마시는 것처럼 너무 획일적인 질문이다. 그만큼 평범한 사람들의 삶이 아파트에 편중되어 있다 보니, 그런 질문을 하는 것 같다.

　주변의 동료들과 이야기해 보면, 단독주택에 살고자 하는 사람들은 많다. 그러나 가고 싶어도 못 가는 이유는 여러 가지가 있겠지만, 대표적인 게 가족의 반대, 자녀교육, 아파트 집값 상승에 대한 기대 등등이다.
　지방 도시는 빈집이 넘쳐나는 세상에 살고 있지만, 인구는 서울과 경기권을 비롯한 대도시에 집중되어 있다. 도시화율이 92%가 넘고, 출산율이 1명이 안 되는 대한민국이다. 대한민국 어디를 가든 아파트가 넘쳐나고 있다.

　일본은 빈집과 지방의 소멸로 많은 고민을 했다. 한국도 인구가 줄어드는 시점에서 일본 같은 고민을 하지 않을 수 없다. 이런 문제에 해법을 제시한 책이 있다. 젊은 사람들은 도시로, 은퇴한 사람들은 지방으로 가자는 것이다. 그렇게 되면, 은퇴한 사람들이 도시의 집을 팔고 가니 젊은 사람이 그 집을 구매하게 될 테고, 은퇴한 사람들은 지방으로 가니, 지방도 살아날 수 있다는 일종의 순환 구조를 제시한 것이다.

다음은 마강래의 〈청년과 지방을 살리는 귀향 프로젝트〉의 내용이다.

수도권에 사는 베이비부머의 절반은 지방 출신으로, 산업화 시기 이촌향도의 흐름을 따라 수도권을 비롯한 대도시권으로 이동했다. 이들이 은퇴 시점을 맞이해 다시 지방으로 내려가고 그곳에서 제2의 인생을 꾸리게 도움으로써 수도권의 과밀을 해소할 수 있다. 이는 부동산 가격을 안정시켜 젊은 세대의 거주 안정을 돕고, 지방도시의 쇠락을 막으며, 국토의 균형발전을 이루는 데도 기여한다. "베이비부머가 떠나야 모두가 산다"
– 청년과 지방을 살리는 귀향 프로젝트/ 마강래지음

나름대로 의미 있는 연구라고 생각한다. 젊은 사람은 도시로 가서 돈을 벌어야 하고 은퇴한 사람은 그동안 열심히 일했으니 지방으로 가서 나머지 인생을 즐기는 것이다. 지방을 살리고, 또한 도시의 집 가격을 떨어뜨리는 효과가 있으니 젊은 사람도 좋고, 은퇴한 사람도 좋은 구조가 될 수 있다.
그러나 국가가 그간 많은 인구 분산 정책을 썼음에도 실패하고, 인구가 서울이나 대도시에 집중되는 현실에서 그것을 실천하는 사람은 거의 없다는 게 현실이다.

인생은 정답이 없다. 그러니 오답도 없다. 태어난 것은 내가 선택하지 않았지만, 살아가면서는 선택의 연속이다. 선택에 따라 긴 여정을 항해하기도 하고 때로는 짧은 여정을 겪기도 한다. 사람의 살아가는 방식의 차이가 있을 뿐이다. 그 방식이 사람에 따라 다르니, 그것이 올바른 길, 또는 올바르지 않은 길이라고 이야기하기도 힘들다.

다만 누구나 행복한 삶은 꿈꾸고 있기에, 인생의 목표는 같다고 생각한다.

태어난 환경에 따라, 내가 선택할 수 있는 것들이 제한될 수 있다. 그 제한된 틀 안에서 나는 주거에 대해 생각했다. 내가 가진 선택의 폭 안에서 어떤 주거환경을 선택할 것인가? 나는 그 선택을 공동주택이 아닌 단독주택으로 결정했다. 분명히 말하지만, 전원주택이 아닌 단독주택이다. 전원주택 하면 외딴곳, 인적이 드문 곳, 마을이 없고, 오로지 자연과 더불어 사는 곳을 의미하는지도 모르겠으나, 나는 도시 외곽의 단독주택을 선택했다.

나는 태생이 시골 출신이다. 어릴 적 시골마을 단독주택은 주거환경이 열악했다. 나무로 불 때서 요리를 하고, 화장실도 외부의 구석에 있었다. 지금 젊은 사람들은 잘 모를 것이다. 그러나 도시에서 태어나지 않은 지금 50대 이상의 사람들은 그런 삶을 잘 알 것이다. 나는 그런 불편한 삶이 어쩌면 그리웠는지 모르겠다. 지난 삶에 대한 향수가 있다.

공동주택은 대도시에서 직장을 다니기 위해 어쩔 수 없이 선택한 주거지였지만, 언젠가는 단독주택에 살겠다는 꿈이 있었다. 아파트는 직장을 다니기 위해 임시로 거주하는 것일 뿐, 출퇴근이 가능한 단독주택이 있다고 하면 언제든지 떠나겠다는 결심을 품고 있었다는 말이다.

나는 직업상 외국에 자주 간다. 외국에 나가 보면 우리나라처럼 공동주택이 많은 나라는 찾아보기 힘들다. 우리의 주거 형태는 대도시를 떠나도 단독주택이 아닌 거의 대부분 공동주택이다. 그 공동주택이 이제는 주거의 혁명에서 주거의 함정으로 빠진 느낌이다. 우리의 삶은 대부분이 보편화된 공동주택에서 획일화된 삶을 살아간다.

그러고 보면 유독 한국에만 공동주택이 많다. 싱가포르나 홍콩은 예외로 하겠다. 거기야 땅덩이가 좁으니 당연한지는 모르겠으나, 우리나라는 지방을 가보면 논 한복판에 아파트가 우뚝 솟아 있는 경우들이 종종 있다. 주변 경관과 조금도 어울리지 않는다. 신기하다. 지역 경관과 잘 어울리는 단층의 단독주택이면 특색도 있고 마을의 분위기가 살 것 같은데, 굳이 아파트가 들어서는 이유를 잘 모르겠다. 지방의 인구밀도가 높지 않은 지역에도 수직으로 아파트를 짓고 있으니 우리의 주거문화는 아파트 공화국이 되어 버렸다. 자고 일어나 우리의 주변을 둘러보면 아파트가 하루가 다르게 자라고 있다. 콩나물 자라듯 아파트가 쑥쑥 자라고 있는 느낌이다. 아파트가 얼마나 많으면 아파트 공화국인가. 사람이 사는 아주 비싼 닭장 같은 느낌이다.

대부분 나라는 주거의 큰 변화가 없으며, 새로운 건물도 잘 들어서지도 않는다. 유럽을 가보면 10년 전이나, 지금이나 주거지역이나 건물에 큰 변화가 없는 것 같다. 우리처럼 아파트가 이렇게 많이 들어서지도 않고, 갈 때마다 큰 변화를 느끼지 못한다. 공동주택이 있다고 한들 5층 이상 되는 공동주택을 찾아보기 힘들다. 그리고 대도시를 떠나면 대부분 사람은 단독주택에서 지낸다. 독일은 지방이 잘 발달한 나라다. 그곳 지방에 가보면 거의 다 단독주택들이다. 그들이 단독주택에 사는 것을 보면 여유로워 보였고, 우리가 사는 것보다는 획일화가 되지 않은 삶을 사는 것 같았다. 우리의 소득도 이제는 유럽 사람들과 크게 뒤처지지 않은 것 같은데, 우리의 삶은 너무 여유가 없어 보인다. 우리의 주변을 둘러보면 아파트가 보이지 않는 지역이 없다. 나는 내 하나뿐인 인생을 공동주택에서 살고 싶지는 않았다.

공동주택에서의 삶은 장점도 많지만, 단점도 많다. 층간 소음, 획일적인 삶, 또한 움직일 수 있는 공간이 별로 없다. 오로지 소비의 삶이 공동주택의 삶이 아닌가 생각한다. 획일화된 공동주택에서의 삶은 창의성이 나올 수 없다고 생각한다. 애플을 창업한 스티브 잡스도 주택의 주차장에서 창업했다. 주택에서 사업을 구상하고, 만들고, 고치고, 실험하고, 그랬기에 세계적인 1등 기업을 만들어 내지 않았는가 생각한다.

독일 라인강 주변의 주택들

나도 소비만 하는 획일화된 공동주택의 삶에 어떠한 변화가 필요하다고 생각했다. 주택으로 가면 내가 할 수 있는 일들이 많아지고, 특히 취미생활을 즐기기에는 공동주택보다 더 할 수 있는 것도 많고 수월하다고 생각했다. 그렇기에 내 하나뿐인 인생을 공동주택에서 보내고 싶지는 않았다. 그래서 공동주택을 탈출했다.

그 탈출에는 가족의 승인이 필요했다. 그렇기에 배우자에게 3년 넘게 공을 들였다. 왜 우리가 단독주택으로 가야 하는지, 왜 거기서 살아가야하는지 그 이유를 하나씩 알려주며, 서서히 설득했다. 다행히 나의 배우자는 나의 선택에 동행해주었다.

아마 대부분 비슷한 이유일 것이다. 자녀 교육, 배우자의 반대, 아파트 자산 가치의 상승, 한 번 떠나면 영영 도시로 돌아오지 못한다는 두려움. 그래서 선뜻 떠나질 못한다. 다행히 나는 해냈다. 하나뿐인 인생을 살아가는데 있어 아주 중요한 요소인 주거공간이다. 가능한 한 빠른 시일 내로 공동주택에서 벗어나는 것이 나를 행복으로 이끌 것이란 믿음이 있었기에, 나는 40대 후반에 떠날 수 있었다.

내가 꿈꾸는 집

어렸을 적 살았던 집과 유사한 집

어렸을 적 살았던 집은 전형적인 시골의 주택이었다. 한때 새마을 운동 덕에 지붕을 슬레이트로 올린 형태로 우리가 농촌에 가면 흔히 볼 수 있는 집이었다. 마당이 있고 생나무로 된 울타리가 있고, 대문은 형식적으로 달려서 있으나마나였다. 화장실도 별도로 지어진 뒷간이었다. 방문은 창호지로 된 문이었는데, 창호지이다 보니 당연히 겨울에 엄청 추웠다. 당시에는 추운 줄도 모르고 잤다지만, 자고 일어나면 방에 놓아둔 물이 꽁꽁 얼어 있을 정도로 난방이 취약했다. 지금 살아보라고 하면 당장 혀부터 내두를 일이다. 이미 나의 몸은 현대화된 주택에 적응되었고, 나이만큼 허약해지기도 했으니까.

그런 취약한 주거환경이 공동주택으로 바뀌니 그야말로 주거 혁명이었다. 온돌문화가 침대 문화로 바뀌고 화장실도 집안으로 들어오고, 좌식에서 입식 식탁 문화로 바뀌기 시작했다. 이제 한국의 식당도 가보면 엉덩이 따듯한 좌식의 식당은 찾아보기 힘들다. 신발을 신고 의자에 앉아서 먹는 식탁으로 변했다.

주거문화 중 공동주택은 서구화를 위한 하나의 표본처럼 되었다. 그렇게 우리의 주거문화는 서구화로 변화하였지만, 한 가지는 그대로였다. 실내에서 신발을 신고 다니는 것만큼은 누구도 달가워하지 않았다. 서양 사람들은 신발도 실내에서 신고 다니지만, 아직도 한국 사람들은 실내로 들어서기 전에 당장 신발부터 벗는다. 그래서 현관에는 신발장이 따로 있다.

주방을 돌보는 입장에서는 너무나 편한 것이 아파트 문화다. 추운데 밖에서 불을 때며 요리를 한다는 것은 대단한 인내심을 필요로 했다. 그러나 가스레인지가 있는 주방에서 하는 요리는 가족들을 위해 기꺼이 해볼 만한 일이 되었다.

과거의 시골 단독주택에 비하면 공동주택 아파트는 장점이 너무나도 많다. 난방, 화장실, 침대, 식탁, 벌레, 슈퍼마켓, 학교, 학원 등등. 그러한 장점이 있는 반면에 단점도 있다. 층간 소음, 소비문화, 제한된 할 일, 내가 화재를 내지 않았지만 이웃이 실수라도 저지르면 나도 피해를 본다.

지금은 단독주택도 단열도 잘 되어 있고, 화장실도 집 안으로 들어왔으며, 식탁, 침대 등 거의 대부분이 아파트와 같다. 이제는 전국의 단독주택들도 서구화가 된 것이다. 그렇지만, 여전히 도시에서는 여러 가지 이유로 단독주택을 찾아보기가 힘들다. 도시의 단독주택은 비싸고, 저렴한 지역은 재개발로 다 공동주택으로 변모하였기 때문이다. 재개발되지 않은 도시의 단독주택은 옛날에 지어졌기 때문에 모든 것이 취약하다. 일부 사람들은 그런 곳을 구매해 집을 짓고 사는 사람도 있지만, 그런 지역은 골목골목 차가 들어가기 힘들어 일상생활이 많이 불편하다.

그러나 도시 외곽의 단독주택은 대중교통이야 조금 불편하지만 대부분 자가용 출입이 가능하다.

많은 사람들의 직장이 대부분 대도시에 있다 보니, 취업하고 직장을 다닌다면 주거로 선택하는 것이 공동주택이다. 전세든 월세든 자가 보유든, 도시의 거의 모든 사람들은 단독주택보다는 공동주택의 삶을 살고 있다. 어느 순간 우리의 삶에 단독주택은 지워지고, 공동주택의 삶이 깊숙이 파고 들어왔다.

공동주택은 직장을 다니기 위한 임시 거처라고 나는 생각한다. 오래전부터 기회가 되면 공동주택을 떠나 단독주택에서 살고 싶은 욕망이 있었다. 내가 어렸을 때 살았던 집은 좋은 집은 아니지만, 봄, 여름, 가을, 겨울을 느끼고 맘껏 뛰어놀던 집이었다. 그런 시골집에 대한 나의 향수가 단독주택을 꿈꾸게 하였다. 초기에 공동주택은 나도 편하고 좋았다. 그러나 그곳에 살아가는 날이 지속될수록 오히려 단독주택에 살고 싶은 욕망이 솟구치고 있었다. 과연 하나뿐인 내 인생, 주거공간은 살아가면서 많은 시간과 휴식에 있어 중요한 부분인데 공동주택이 내 삶의 질을 높일 것인가 아니면, 단독주택이 나의 삶의 질을 높일 것인가 고민을 많이 했다.

결론적으로 나는 공동주택보다는 단독주택이 나의 삶의 질을 높일 것으로 생각했다. 나만의 고유한 영역과 내가 맘대로 할 수 있는 공간들이 있고, 공동주택에서 할 수 없는 많은 것들을 할 수 있으니, 나는 단독주택이 삶의 질을 높일 수 있다고 생각했다.

　물론 단독주택도 단점이 많다. 출퇴근 시간이 많이 걸린다. 아이들 학원이나 학교에 보내기가 쉽지 않다. 자산 가치로 보면 지금은 공동주택보다 떨어질 수 있다. 그러나 주거의 개념으로 보면 공동주택보다는 삶의 만족도가 훨씬 높을 것이다.

　장점은 우선 아이들 키우기가 좋다. 그리고 생산과 소비를 누릴 수 있다. 취미생활도 폭넓게 즐길 수가 있다. 자주 움직이고 텃밭을 통한 먹거리 일부를 조달하니 건강한 삶을 살 수가 있다.

　주택에 살다보니 우리 집 울타리에 참새가 집을 짓는다. 너무 잘 지었다. 예술가다. 참새도 자기 가족의 삶을 위해 책임지고 집을 짓고 산다. 나도 참새처럼 내가 살아가는 집은 남이 지어준 집이 아닌, 내가 살 집은 내가 짓고 싶은 욕망이 있었다.

참새의 집

　공동주택은 땅의 효율성을 극대화하기 위해 수직으로 용적률을 높였다. 도시직장에 출퇴근하는 최적의 집은 공동주택일 것이다. 그러나 출퇴근만 할 수 있다면, 단독주택도 고려해볼 수 있지 않을까? 다른 건 몰라도 내가 사는 거처를 재산 가치로만 볼게 아니라, 주거의 개념으로만 본다면 단독주택도 매력적인 부분이 있다고 확신한다. 아니, 적어도 내겐 완벽하다. 실로 완벽한 곳이다. 처음부터 나는 공동주택이 아닌 단독주택에 살고 싶었고, 그곳에 내가 원하는 삶이 있었다. 그래서 단독주택에 사는 것이 한 번뿐인 인생에 많은 것을 실현해줄 수 있다는 확신이 있었다. 그리고 단독주택에게 내가 느끼는 매력 포인트가 여러분에게도 분명 유효하리라 믿는다.

공동주택은 우리나라 급여 수준과 비교해 너무나 비싸다. 20년에서 30년 이상 한 푼도 쓰지 않고 저축해야 살 수 있는 가격이라고 한다. 그 비싼 가격으로 삶의 여유가 없어졌다. 도시외곽 단독주택 가격이 도심의 공동주택에 비해 저렴하니 그로 인해 빚에 허덕이지 않고 살아가며 삶의 질을 높일 수 있다. 실제 단독주택에서의 삶은 절약이 저절로 되고, 대중과 한 발 떨어져서 살아가게 되니 내 인생의 방향도 조금씩 재정비되어 세상이 새롭게 보였다.

도심의 비싼 아파트에 살려면 대출로 인해 빚에 허덕이지 않고 살아가기 힘들다. 그러나 도시 외곽의 단독주택은 도시의 전세가격이면 구입할 수가 있다. 그래서 경제적으로 삶이 더 풍요롭다. 주거구입 비용이 적으니 저절로 여유가 생긴다. 텃밭을 통한 내 먹거리 일부를 생산하니 건강하고 즐겁다. 계절의 변화를 느끼며 살아가니 시상이 떠오른다. 또한 주택의 땅은 내가 맘먹은 대로 변신할 수 있으니 너무 즐겁다. 계절의 변화를 느끼고 살며, 또한 내가 하고 싶은 취미 공간을 마음껏 활용할 수 있으니 어찌 즐겁지 않겠는가?
　이런 것이, 내가 꿈꾸는 집이며, 삶이다.

공동주택에 대한 실증

독일의 라인강 주변 주택의 텃밭

우리나라 도시화율이 92%라고 하니, 도시에 사는 사람들은 거의 공동주택에 살고 있다고 해도 과언이 아니다.

우리나라의 경우 도시화율은 세계 평균인 54% 수준을 훌쩍 넘는 92% 수준에 이르러 세계 최고 수준에 이르고 있다. 이러한 시점에서 기존의 도시를 한 단계 더 고도화하고 효율적으로 운영될 수 있도록 만든다면 경

도시는 대부분 공동주택이니 대한민국 사람들은 공동주택에 살고 있다고 봐야 한다. 또한 많은 사람들이 단독주택보다는 공동주택을 선호할 것이다.

공동주택은 획일화되어 있다. 아무리 인테리어를 잘한다고 해도 거의 비슷하다. 수직으로 주거 공간을 만들다 보니 같은 장소에 침대가 있고, 내가 볼일 보는 위에서 또 누군가는 볼일을 보고 있을 것이다. 게다가 사람이 움직일 수 있는 공간도 제한되어 있다. 퇴근하고 할 수 있는 일도 별로 없다.

요즘 유행하는 캠핑을 보면, 이런 생각이 더욱 확고해진다. 사람들은 공동주택에서 할 수 없는 것들을 캠핑장에서 누린다. 그래서 어쩌면 현대인들에게 캠핑이란 공동주택에 대한 심리적 해방구일지도 모르겠다는 생각이 든다.

심지어 어촌에 사는 일부 어부도 아파트에 살고 있으니, 농촌의 일부 농부도 아파트에 살고 있다. 뭔가 이상하다. 농촌이나 어촌에서는 농사를 짓거나, 어업 행위를 할 때 쓰는 많은 물품이 있을 것이다. 이런 것들을 대체 이제는 어떻게 보관하는지 모르겠다. 감조차 오지 않는다. 어쨌든, 한 가지는 알겠다. 도시건, 지방이건, 농촌이건, 어촌이건, 대한민국은 공동주택 덕에 거의 획일화된 삶이 되어버렸다는 것이다.

덕분에 공동주택은 사람이 사는 거대한 콘크리트 숲이라는 느낌이

든다. 보기만 해도 숨이 막힐 정도다. 그곳에서 어쩌면 평생 갚아야 할지도 모르는 빚을 지고 살고 있는 거라고 생각하면, 정말 너무나 끔찍하다.

캠핑 중인 두 사람

많은 사람들이 아파트를 삶의 편리성과 재산 가치로만 따지는 것 같다. 재산 가치야 지금 당장은 있는지 모르겠지만 앞으로도 계속 재산 가치가 있을지는 모를 일이다. 무엇보다 재산 가치를 떠나 틀로 찍어내서 맞춘 듯한 획일적인 삶이 과연 우리 모두에게 만족스러운 행복감을 줄 수 있을까? 적어도 나는 견딜 수 없이 싫었다. 아파트로 대변이 되는 획일적인 현대인의 삶이 말이다.

이런 나와는 달리 많은 사람들이 아파트를 이젠 재산 증식의 수단이라고 확신하고, 아파트 마련에 전력을 다하려고 한다. 심지어 이젠 방법마저 누구나 다 알고 있다. 갭투자를 이용해 자기 자본을 얼마 들이지 않고도 쉽게 투자를 할 수 있는 것이다. 많은 사람들이 주거의 개념보다는 아파트를 투자의 개념으로 보고 있기에 가능한 방법이다.

한국 땅 어디를 둘러봐도 공동주택인 아파트가 없는 곳이 없다. 그야 말로 한국은 아파트 공화국이다. 주거의 비율을 보면 공동주택 비율이 78%가 넘어간다고 한다. 그리고 그 전체 공동주택 중 아파트 비율이 81%라고 한다. 2021년 기사이니 지금은 더 늘어났을 것이다.

> 2021년 총 주택은 1881만호로 전년 대비 1.5%(29만호) 증가했다. 이 중 공동주택은 1473만호로 전년 대비 2.2%(31만호) 증가했으며 전체 주택 중 78.3%를 차지했다. 공동주택은 아파트 1195만호(63.5%), 연립·다세대 278만호(14.8%)를 합친 수치다. 아파트는 전년 대비 증가율이 2.5%(29만호)로 공동주택 중 가장 크게 증가했다. 전체 공동주택 중 아파트가 차지하는 비율은 81%였다.
>
> 출처: 2022.8.22 아파트관리신문

그러나 얼마 안 되는 공간이 너무너무 비싸다. 월급을 모아서는 절대 살 수 없는 가격이다. 대출 없이는 살 수 없는 가격이다. 그런데 더 큰 문제는 그 비싼 아파트를 전혀 비싸다고 생각하지 않는다는 거다. OECD 국가의 평균 11년에 비하면 터무니없이 비싼 가격인데도 말이다.

부동산 특히 아파트는 한국에서는 주거의 개념보다는 투기 또는 투자의 상품에 가깝다. 전세대출을 해주니 전세금이 아무리 높아도 대출을 받아 살고, 비싼 전세금으로 자기 돈을 얼마 들이지 않아도 아파트를 살 수가 있으니 많은 사람이 아파트를 쉽게 투자의 대상으로 본다.
또한 비싼 전세를 대출 받아서 사는 사람들도 대출이 무서운 줄을 모른다. 전세 계약은 집주인과 했다지만, 실상은 월세 계약을 은행과 하는 것이다. 매달 꼬박꼬박 은행에 월세 내듯이 이자를 상환하니 말이다. 그리고 비싼 전세 사는 사람들은 직장 출퇴근이라기보다는 자녀의 교육 때문에 그런 지역에 사는 경우가 많다. 자녀들 교육을 위해 막대한 돈이 들어간다. 학원을 보내지 않더라도, 전세가격이 높으므로 전세대출을 받아서 산다고 하면 은행 이자가 나가고 대출이 없다고 하면 기회비용이 나가는 것이다. 그렇게 사는 목적은 오로지 자식 때문이다. 내 자식만은 좋은 학군에서, 좋은 대학으로 진학하여, 나보다 더 좋은 직장에 들어가게 하기 위해서다. 결국은 한국인 평균 직장인보다 평균 연봉이 높은 기업에 취업할 수 있도록 말이다.

결국 내 자식이 남들보다 윤택한 삶을 살아가기 위해 공부하는 것인데, 이미 그 과정에서 어마어마한 돈을 소비하고 있다. 그 소비의 효율이 나중에 좋은 대학 나와서 취업을 한들, 그 성과가 투자 대비하여 과연 효율적일까? 결과적으로 사회 진출해서 벌게 될 돈이 얼마나 효율적인지는 사실 아무도 모른다. 그러니 밑 빠진 독에 물을 붓는 것과 같다. 물을 계속 붓고 있지만 그 효과는 미지수다. 그나마 대안이 없으니 그럴 수밖에 없을지도 모른다.

공동주택은 움직일 공간이 제한적이다. 오로지 출퇴근 이외는 할 일이 없다. 간단하게 생각하면 잠자고 출퇴근이 전부이다. 아무리 호화찬란하게 실내장식을 해 놓아도 금방 싫증이 난다. 단지 잠자고 출퇴근하는 것 이외는 특별히 공동주택은 할 일이 없다.

아이들이 뛰어놀 공간도 없다. 오르지 학원과 내 자식 좋은 대학 보내서 좋은 직장 다니게 만드는 일에 너무 많은 돈을 쓴다. 부모도 좋은 대학 나와서 대기업 다닌다고 해도 50세 전후로 퇴직을 하는데, 내 자식은 그것을 벗어나겠지 하는 소망으로 막대한 투자를 한다. 마치 인생이 다람쥐 쳇바퀴를 도는 듯한 느낌이다.

인간은 유전자 속에 누구나 사냥 본능이 있다. 그리고 사냥과 더불어 집을 짓고 가꾸는 본능도 있다. 만들기를 좋아하는 나에게는 아파트는 심심한 닭장과 같다. 오로지 돈만 벌러 왔다 갔다 하면서 사는 공간일 뿐이었다. 요즘은 다들 맞벌이라서 집에서 직접 요리를 하는 경우도 많지 않겠지만, 육아하고 요리하고 가족을 위해 살림을 꾸리는 것도 우리에게 내재된 기본적인 유전자 정보다. 고추장, 된장, 김치 담그고 하는 유전자가 있을 텐데, 지금의 아파트는 인간들의 모든 본성을 빼앗아 버린다. 손발이 모두 묶인 것 같다. 아이들은 오로지 학원과 게임 이외는 아파트 공간에서 활용할 수 있는 것이 없다. 주택에 살면 아이들도 부모들에 의해 많은 것을 배운다. 살아가는 기본적인 것을 많이 배우는데 요즘 아이들은 밖에 가서 텐트 치고, 야영하고, 불을 피울 수 있는 아이들이 얼마나 있는지 모르겠다. 비싼 아파트가 오로지 직장에 출퇴근만 하는 주거로 전락하면서, 매일 반복되는 삶이 부정적인 마음을 키운다. 스스로 돈 버는 기계로 굳어가고 있다는 느낌을 지울 수가 없는 것이다.

그러나 주택은 재미있는 소일거리가 넘친다. 다양한 일거리도 호기심만 많으면 다 실천하고 즐길 수가 있다.

나는 사실 미래를 보고 아파트를 떠난 것은 아니었다. 단독주택에 살고 싶어서 떠났지만 지금 와서 생각하면 떠나길 정말 잘했다고 생각한다. 공동주택을 떠나 내가 살고 싶은 단독주택으로 떠났기 때문에 더 이상은 공동주택으로 돌아갈 생각이 없다.

역발상

역으로 지어진 집

　벚꽃 피는 순서대로 학교도 문을 닫고, 주택도 소멸이 되어 가고 있다는 이야기가 있다. 굳이 지방이 아니더라도 수도권인 경기도 일대로 조금만 나가면 빈집들이 있다. 최근에는 서울의 학교에서도 폐교되는 현상까지 나왔다.

학생 수 감소에 따른 폐교·폐원은 이미 현실화하고 있다. 서울만 해도 강
서구 소재 염강초등학교와 공진중학교가 2020년 폐교됐고 광진구 소재
화양초등학교도 이달 문을 닫는다.

출처 : 2023.3.6. 우먼타임스

　도시화율이 전 세계 최고인 나라에서, 그것도 대한민국 가장 큰 도
시인 서울에서 학교에 학생이 없어서 폐교한다고 한다. 한국의 출산
율이 얼마나 심각한 수준인지 알 수 있는 방증이다. 당장 부모 세대가
다닐 때 한 반의 학급수를 떠올려보고, 다시 내 아이들이 다니는 학급
의 학생 수를 물어보자. 단순 비교만으로도 뭔가 크게 잘못되었다는
느낌이 올 거다.

　서울도 인구가 줄어드는데 지방이 더 심각한 것은 너무나 당연한
일이다. 그렇지만, 지방에 빈집이 생긴다는 것은 일단 우리에게 기회
다. 조금만 외곽으로 나가면, 주거비용을 줄이고 원하는 집을 구할 수
있을지도 모르니 말이다. 모든 사람이 도시로 몰려들 때, 나는 도시를
떠나 도시의 외곽으로 향했다. 그리고 현재 만족스러운 삶 속에서 이
렇게 글을 쓰고 있다.

　자청의 『역행자』처럼 언제나 역발상은 필요하다. 지방에 빈집들이
많으니 조금만 외곽으로 옮겨보는 것이 어떨까? 출퇴근 가능한 지역
으로 나간다면, 도시의 전세금으로도 집을 구할 수 있을지도 모른다
는 생각. 정확히 대중의 방향과는 반대로 가는 길이다.

　불나방이 떠오른다. 불만 보면 달려든다. 죽느냐, 사느냐, 그런 것
에는 관심이 없다. 오로지 불만 보면 달려든다. 도시는 불이다. 불야
성이다. 공동주택이 몰려있는 아파트는 마치 불과 같으며 불나방처럼
직장이 있고 아파트가 돈이 된다고 하니 몰려든다.

외국의 빈집

코나아이(주)시스템다이내믹스팀의 『대한민국의 붕괴』 책을 보면 대한민국은 인구 측면에서 분석하면 이미 붕괴라고 이야기하고 있다. 출산율이 0.80명도 안 되는 시대에 우린 살고 있다.

출산율로 보면 한국은 완전히 망했다고 하는 교수도 있다.

"한국 완전히 망했네요 그 정도로 낮은 수치의 출산율은 들어본 적도 없어요(조앤 윌리엄스 캘리포니아주립대 명예교수)."

우리나라 합계출산율(가임 여성 1명이 평생 낳을 아이 수)이 0.78명이라는 것을 안 해외석학의 반응이 화제였다. 이대로면 나라가 소멸한다는 말까지 나온다. 기업 입장에선 공장을 돌릴 근로자를 찾을 수 없고 상품을 팔 소비자가 없어진다. '초저출산 1등 국가' 불명예 타이틀을 벗기 위해 기업들이 출산율과 전쟁 중…

(하략)

출처: 2023.8.29 아시아경제

　최소한 출산율이 2.6명이 되어야 현상 유지가 되는데 일본은 출산율이 1.6명이 되도 빈집이 늘어나고, 30년의 장기 불황을 겪고 있는데 한국은 출산율이 0.80명도 되지 않는다고 한다.

　출산율은 줄어들고 빈집이 넘쳐난다. 지방으로 가면 인구가 감소하니 많은 가구가 빈집이다. 지방 도시 외곽의 집들은 한때 우리의 고향이었으나 이제는 추억 속에만 있는 고향이 될 것이다.

　일본의 경우 빈집이 1,000만 채가 된다고 한다.

　일본의 빈집은 지난해 900만 채를 돌파했다. 노무라종합연구소에 따르면 내년에 1,000만 채를 넘을 전망이다. 빈집이 많은 지역은 슬럼화하기 쉽다. 붕괴 위험과 범죄 가능성, 위생 문제가 얽혀 있다. 이를 해결하기 위해 일본 정부는 세제 혜택 등 온갖 노력을 기울이고 있다. 지방자치단체도 지방에 거주하는 대기업 근로자에게 원격근무 보조금을 지급하는 등 안간힘을 쏟고 있다.

　　　　　　　　　　　　　　　출처: 2303.09.05 한국경제 오피니언

　앞으로 10년 후인 2033년이 되면 일본은 10집 가운데 1집이 빈집이라고 한다. 일본에서는 빈집이 늘어 사회문제가 심각해지면서 빈집에 대한 세제 혜택을 줄인다는 것이다. 주택이 딸린 토지의 재산세는 2만엔 정도에 불과하지만, 건물을 부수고 맨땅으로 두면 재산세가 6배나 급등하기 때문에 그대로 방치하고 있다.

　일본처럼 한국도 빈집이 급증하고 있다고 한다. 이제는 남의 나라 걱정할 때가 아니다. 우리나라 전국 빈집이 151만 채나 된다고 한다.

　전국 주택의 8%에 해당하는 151만여 채가 빈집인 것으로 나타났다. 또 빈 집 4채 가운데 1채는 1년 이상 비어있는 채로 방치돼 있었다. 지역별로는 특별시나 광역시 등 대도시 지역보다는 전라남도나 제주특별자치도 강원도 등 도 지역에서 빈집이 상대적으로 많았다.

(중략)

1년 이상 빈집도 38만 7300채로 전체 빈집의 25.6%를 차지했다. 즉 4채 중에 1채는 1년 이상 방치되어 있다는 뜻이다.

세부내용을 통계청 자료에서 확인한 결과, 유형별로는 단독주택이 33만 9400채, 아파트가 82만 9800채, 연립주택이 7만 4300채, 다세대주택이 24만 2900채, 비거주용건물내주택이 2만 4900채였다.

출처: 2022.3.16 동아일보

전국 빈집이라고 하면 지방에 노후화된 주택을 떠올리기 쉽다. 그러나 공동주택 비율이 가장 높다. 공동주택 비율이 78%를 넘어간다. 토지주택연구원의 논문에 따르면 2020년 기준 전국 주택 1,852만 채 가운데 8.2%인 151만1,300채가 빈집이며, 5년 전인 2015년(106만9,000채)과 비교하면 무려 41.1%가 늘어난 물량이라고 한다. 빈집의 증가 속도가 너무 빠르다. 그중에 아파트가 82만 9,800채, 연립주택이 7만4,300채, 다세대주택이 24만2,900채, 비거주용 건물 내 주택이 2만 4,900채라고 한다. 주택은 33만 9,400채다.

아파트, 연립주택, 다세대주택을 공동주택이라고 하면 그 비율이 78%나 된다.

시골에 쓰러져 가는 빈집도 있지만, 빈집의 비율이 공동주택이 훨씬 더 많은데, 그런 기사는 잘 나오지 않는다. 아파트가 빈집이 있다고 하는 것을 상상이나 하겠는가? 수도권 아파트에 관심이 있는 사람들은 잘 모를 일이다.

이제는 새 아파트도 미분양이 나온다. 2023년 3월 기준으로 전국의 미분양 아파트가 7만 호가 넘었다고 한다. 이제는 신축 아파트도 분양이 잘 안 된다는 거다. 그 이야기는 아파트가 넘쳐나거나 또는 가격이 비싸기 때문에 분양받을 사람이 없다는 걸 뜻한다.

> 분양 물량이 급격히 줄어들면서 지난 3월 기준 전국 아파트 미분양 물량은 총 7만2104가구로 전월(7만5438가구)보다 4.4% 감소했다. 하지만 청약수요가 일부 유망 지역과 특정 단지에만 쏠리는 양극화 현상이 심화하고 있어 쌓여 있는 미분양이 소진되려면 상당한 시간이 소요될 것이란 전망이 나온다.
>
> 출처: 2023.05.18 세계일보

> 특히 서울은 아파트 재고 대비 0.1% 수준인 미분양이 8.9%까지 대폭 증가할 수 있다고 경고했다. 현재 시세 대비 고분양가로 책정된 단지의 대기물량이 6만6천여호로 추정되는 까닭이다.
> 다올투자증권은 "서울은 대기물량이 16만200호(착공대기 5만4천800호, 분양대기 10만5천300호)로 재고 대비 8.8% 수준"이라며 "교체 수요 범위 2.0~3.3%를 크게 상회하고 있다. 2011~2019 평균 수준은 4.9%로 과거 대비 2배 정도"라고 설명했다.
>
> 출처 : 2023.8.29 연합인포맥스

단독 주택은 빈집을 소멸시키기 쉽고 소멸시켜서 농지로 활용할 수도 있는데 공동주택은 소멸시키기도 어렵고 소멸을 시켜도 활용도가 거의 없다. 아파트가 있던 곳에 농사가 될 리가 없다. 빈집이 단독주택보다는 아파트가 더 많다. 우리나라는 절대 일본처럼 부동산 가격이 장기 하락하지 않는다고 이야기한다. 그러나 지표를 보면 일본보다 심각하다.

출산율, 고령화가 대표적이다. 공동주택을 너무 많이 지었다. 굳이 통계를 볼 필요도 없다. 주변을 둘러보면 다 아파트 일색이다.

어떤 사람들은 1인가구가 증가하기 때문에 우리는 일본처럼 되지 않는다고 이야기한다. 1인가구를 분석해 보면 알게 된다. 1인가구는 절대 넘쳐나는 아파트를 감당할 수 없다. 그들 중 다수가 그럴 형편의 사람들이 아니다. 『미래의 부』 이지성 작가의 책을 보면, 1인가구의 사람들은 저학력, 노인, 여성이 대부분이며 그중에 40%가 미취업자라고 한다. 1인가구가 증가한다고 총인구가 증가하는 것은 아니다. 이런 사람들이 고가의 아파트를 살 능력이 있는지 의문이다. 당장 외벌이로는 고가의 아파트를 살 수가 없는데, 부부가 벌어도 대출을 받지 않고는 고가의 아파트를 살 수가 없다. 하물며 1인가구가, 그런 고가의 아파트를 살 여력이 있겠는가? 1인가구는 결코 넘쳐나는 미분양 아파트나 빈집이 되어 가는 공동주택을 감당할 여력이 없다.

우리나라 아파트 설계 연한이 30년이라는 것을 고려한다면 30년 이후에는 재건축을 해야 한다. 재건축이 안 된다고 하면 적당히 살다가 팔아야 한다. 적당히 살다 팔 때는 누군가는 그 아파트를 사줘야 하는데, 그 노후화된 아파트를 과연 누가 살까? 노후화된 아파트를 사줄 사람은 우리들의 자녀 세대들일 것이다.

지금 자신들의 자녀인 초, 중, 고 학생들이 30년 되어 가는 낡은 아파트를 사줄 세대들인데, 그들도 바보는 아닌 이상 그들이 사줄지는 많은 의문이 든다. 또한 일본처럼 낡은 아파트를 부모한테 물려받지 않을 수도 있다. 헌 옷 같으면 수출이라도 하는데, 낡은 아파트를 수출할 수도 없고 그런 낡은 아파트를 수입할 나라도 없을 것이다.

앞으로는 재건축이 쉽지는 않을 것이며, 재건축된다고 해도 새롭게 사는 가격만큼 돈이 들어갈 수도 있다. 또한 똘똘한 아파트 한 채가 어느 정도 기간까지 효자가 될지도 의문이다.

1기 신도시가 이제 30년이 되어 간다. 1기 신도시의 재건축 이야기가 나오지 않는다. 더 좋은 위치에 또 다른 많은 아파트를 짓고 있는데, 설사 용적률을 높여서 재건축된다고 해도 분양이 될지는 의문이다.

공동주택 광풍이 언제 끝날지 모르겠다. 죽을 때까지 공동주택에 빚을 갚다가 인생이 끝날까 봐 걱정된다. 오로지 한 번뿐인 인생이다. 공동주택에서 내 삶의 전부를 보내고 싶지는 않았다. 출퇴근을 위해 특화가 되어 있는지는 모르겠으나, 주거의 개념으로 보면 내가 생각하는 주거지가 아니라고 생각했기에 나는 공동주택을 떠났다.

사람은 숲을 보면 왠지 기분이 좋아진다. 요즘 '멍 때리기'란 것이 유행인데 휴식의 최적지도 아파트가 아닌 주택이 아닌가 생각한다. 계절을 느끼고, 집에 과실나무가 있고, 작은 텃밭에 각종 채소를 심어 먹으며 여유롭게 생활하는 것이, 나는 단독주택이라고 생각한다.

아이들이 마음껏 뛰어놀고, 자연과 더불어 살아가는 것을 배우는 것이 단독주택의 매력이다. 인간이 살아가는데 가장 기본적인 것들이 있다. 불을 피우고, 집 짓고, 요리하는 것이 가장 기초적인 것들이다. 공동주택에서는 그러한 기초교육을 할 수가 없다. 어떻게 불을 피우고, 어떻게 집을 짓고, 어떻게 요리하는지를 배울 수가 없다. 가장 기초적인 교육이 있고, 그 이후에 남이 지어준 집에 살거나 좋은 식당에서 외식하는 것이 기본이 아닌가 생각한다. 가장 기본적인 것을 배우지 못하고 오로지 좋은 학교에 가기 위해 선택한 공동주택에서의 삶. 그 삶을 만들고 유지하기 위해서는 많은 비용이 들어간다. 그런 비용을 좀 더 줄인다면 삶이 한층 더 윤택해질 수 있지 않을까?

지금의 MZ 세대들은 고향이 없다. 무슨 아파트 몇 동 몇 호가 고향은 아닐 것이다. 고향이라 함은 함께 뛰어놀던 또래 아이들에 대한 추

억이고, 내가 살던 곳에 대한 추억인데, 도시에서 공동주택의 삶은 주
거공간이 안겨주는 어떤 추억은 별로 없을 것이다.

숲길

일본의 잃어버린 30년이 우리도 해당한다고 하면, 일본보다 우리
가 더 우울한 현실이 될지도 모르겠다.

그래서 나는 더욱더 아파트를 탈출할 결심을 했다. 내가 지방의 빈
집을 살려보겠다는 그런 원대한 꿈같은 건 없다. 나 혼자로는 사실상
역부족이다. 그보다는 훨씬 단순한 생각에서 시작되었다. 인구가 줄
어드는 곳에 살게 되면 집 가격은 올라가지 않겠지만, 주택 구매 비용
이 저렴해지니 소비를 줄일 수 있는 기회라고 생각했다. 그리고 직장
도 바꾸지 않고 꾸준히 다닐 테니까 월급도 유지되어서 저축의 기회
도 더 많아질 수 있을 거라고 생각했다. 그렇게 단독주택을 선택하게
된 것이다. 남들은 아파트를 돈으로 생각하는지 모르겠지만 나는 돈
보다 더욱더 삶의 질을 선택했다. 지금 와서 생각하니 내 선택에 후회

가 없다. 남들은 아파트가 몇 억씩 올랐느니 했을 때, 나는 우리 주택이 얼마인지도 모르고 가격에 관심도 없었다.

지금은 아파트를 주거 개념보다는 돈으로 보고 재테크의 한 수단으로 본다. 물론 도시의 삶이 훨씬 더 편하긴 하다. 코앞에 마트가 있고, 식당이 있으니, 밥하기 싫으면 사서 먹으면 된다. 도시가 아닌 지역에 사는 것은 아무래도 불편할 수밖에 없다.

지금 맞벌이를 해도 살아가기 어려운 현실이다. 거기에 여성이 직장을 다니면서 육아와 요리를 함께 병행한다는 것은 불가능에 도전하는 것과도 같다. 그만큼 힘들다. 무척 힘들다. 그러니 외식을 많이 할 것이다. 사서 먹는 것이 다 나쁜 것은 아니지만, 사서 먹으면 소비가 증가하고 또한 과식과 달콤한 음식에 맛 들여져 비만으로 이어지고, 또 비만으로 이어지니 살을 뺀다고 불필요한 소비를 하게 될 수 있다. 악순환이다.

도시화 즉 아파트는 소비의 문화다. 주거도 해결되고, 삶의 질이 개선되고, 빚도 없이 주택을 구입할 수 있다고 하면, 나는 도시를 떠나지 않을 이유가 없었다.

주택에서의 삶에 있어서 출퇴근 시간은 공동주택보다 많이 들어갈 것이다. 그러나 주택은 상대적으로 관리비용이 적게 든다. 공동주택은 매월 내가 쓰지도 않은 공동으로 내야 하는 공동관리비 명목으로 전기세 등등이 나가겠지만 주택은 내가 쓴 것만 나간다. 주택은 관리비가 없다. 전기세, 수도세 그리고 오물 치우는 비용이 전부이다. 그러니 겨울이 아니라면 한 달에 5만 원을 내면 거의 해결이 된다.

빈집이 속출하고, 도시화율이 92%에 달하는 나라에서, 역발상으로 도전하는 도시 탈출은 충분히 시도해볼 가치가 있다. 지방의 소멸은 나에게는 어쩌면 삶에 더 집중할 수 있는 좋은 기회가 아닌가 싶었다.

나는 이런 생각을 해본다. 만약 강남에 빚 없이 30억 되는 아파트가 있다고 한다면 굳이 강남에 살 이유가 있는가 하는 생각이다. 사람의 가치관에 관한 차이도 있고 돈에 관한 생각도 다르고 추구하는 삶이 다르기 때문에 죽어도 강남에 살겠다고 하는 사람도 있겠지만, 나라면 강남에 살지 않을 것이다.

절약

외곽으로 나오면 5억 이하라도 얼마든지 집을 구할 수가 있다. 그럼 25억의 연 3% 배당이나 이자 소득이라고 하면 매월 625만 원이 나온다. 요즘 미국 주식 기반으로 만들어 놓은 월 배당 ETF도 출시했는데 그 수수료도 0.01%로 저렴하다.

김승호 회장의 『돈의 속성』에 보면 한국에서 부자란 빚 없이 내 집이 있고, 매월 541만 원이 나오면 한국에서 부자로 정의했다. 생각만 바꾸면 강남 아파트 팔고 외곽으로 나오면 그럼 매월 541만 원이 나오는 것을 만들 수 있다. 그러면 김승호 회장이 이야기하는 한국에서 부자다. 그러나 강남에 30억짜리 빚 없이 아파트를 가지고 있는 사

람이 얼마나 되며, 설사 집을 가지고 있더라도 외곽으로 나올 수 있는
용기가 있는 사람은 많이 없을 것이다.

2장. 도시 탈출의 방해 요소들

어떤 일을 하기 싫을 때 그 이유를 말하라고 하면 수천 가지의 이유가 있을 것이다. 또한 꼭 해야 한다고 하면 그 이유도 수천 가지가 있을 것이다. 살아가는 방식이나 방향이 사람마다 다르지만, 삶의 목적은 행복한 삶을 사는 것에 있다. 즉 주어진 여건 속에서 행복한 삶을 추구하는 것은 모든 사람들에게 중요한 의미가 된다. 그러기 위해서 적절한 수단으로 돈이 있을 것이다.

남에게 보여주기 위한 삶은 가식적인 행복의 삶이 될 수도 있다. 남에게 과시하고, 남에게 보여주기 위한 것에는 많은 돈이 들어가며, 자칫 잘못하면 빚의 함정에 빠질 수도 있다. 돈이 목적이 되면 돈을 벌기 위해 괴롭겠지만, 돈이 내가 살아가는데 있어 많은 불편을 해결해 주는 수단이기에 돈을 번다.

교육은 좋은 대학을 가게 되면, 그러지 못한 사람보다는 중산층으로 갈 가능성이 높아진다. 교육이 중산층을 유지하는 하나의 좋은 방법일 수도 있다는 말이다.

교육

체험 학습

　도시를 떠나 지방의 주택으로 간다고 하면 아마 꺼리게 되는 이유 중 하나가 교육일 것이다. 한국의 교육열은 전 세계가 알아주니 교육 때문에 못 간다고 하면 이해가 갈 만하다. 요즘 부모들은 아이들 교육은 도시에 유명한 강사들이 모인 학원가에서 시키고 싶고, 나는 좋은 학교에 가지 못했더라도 내 자식만큼은 나보다 더 좋은 학교에 가서,

누구나 알아줄 법한 좋은 기업에 취업하길 바라니 말이다. 이렇게 공부 잘해서 좋은 직장에 취업하는 것을 대한민국 사람들만 꿈꾸는 것은 아니다. 우리뿐만 아니라 전 세계 많은 사람이 그런 생각을 하고 있다. 로버트 기요사키의 『부자 아빠, 가난한 아빠』 책만 봐도 그런 내용을 알 수가 있다.

결국은 열심히 공부해서 직장인이 되는 것, 직장인이 되어서 돈을 버는 것이다.

2023년 직장인 평균 월급이 333만 원이라고 한다. 대기업 평균 563만 원 중소기업 266만 원으로 평균 월급이 333만 원이라고 한다.

평균 월급 333만원…전년보다 13만원 증가
통계청 28일 발표한 '2021년 임금근로일자리 소득(보수) 결과'에 따르면 지난 2021년 12월 임금근로자의 평균 소득은 333만원으로 1년 전보다 4.1%(13만원) 증가했다.
임금근로자를 소득순으로 줄 세웠을 때 정중앙에 위치한 이의 소득을 나타내는 중위소득은 250만원으로 전년 대비 3.3%(8만원) 올랐다.
(중략)
소득 구간별로 보면 150만~250만 원 미만이 26.3%로 가장 많았다. 그 사람 다음으로 250이면~350만 원 미만(17.8%), 85만 원 미만(13.8%) 순으로 나타났다.

출처: 2023.02.28 NEWSIS

열심히 공부해서 333만 원보다 많이 받는 직장인이 되거나, 또는 그 이하를 받는 직장인이 되거나 둘 중 하나다. 언제나 부모는 자기 자식이 최고라고 생각한다. 열심히 공부하고 좋은 대학을 간다고 하면, "내 자식은 직장인 평균 이상 급여를 받는 사람이 될 거야"라고 생각하고, 그렇게 확신할 것이다. 또한 그렇게 될 가능성도 클 것이다. 어떤 일화를 소개하자면, 자식을 법대에 보내기 위해 부모가 한강까지 가서, "공부 안 하면 너 죽고 나 죽자"라고 협박을 해서 자식을 법대에 보냈다고 한다. 그러나 정작 그 자식은 법조인보다는 대기업의 사원이 되길 바랐다고 한다. 법대를 나와도 대기업 신입사원의 월급과 별반 다르지 않기 때문이다. 부모가 자식의 급여를 보니 왜 죽기 살기로 자식에게 공부를 시켰는지 후회가 밀려왔다고 한다. 법대만 들어가면 모든 것이 다 술술 풀릴 줄 알았는데, 대기업에만 들어가면 모든 것이 다 술술 풀릴 줄 알았는데, 법대를 나와도 기업의 신입사원 수준의 월급으로는 만족이 되지 않는다. 사회의 실상은 선망의 직업이라도 내가 막상 들어가서 경험해 보면 생각과 많이 다르다.

그래도 공부를 하지 않는 것보다는 열심히 해서 좋은 대학 들어가는 것이 여러모로 기회는 많을 것이다.

한국인의 평균 퇴직 나이가 49.3세라고 한다. 대기업에 들어가더라도 50 전후가 되면 자발적으로 나오거나 명퇴를 하든가 또는 진급에 누락되면 다른 방도가 없어 제 발로 뛰쳐나와 버릴 수도 있다.

우리나라 임금 근로자들은 평균 49.3세에 퇴직하고 절반 가까이가 정년 이전에 비자발적인 조기 퇴직을 한다…

출처:2022.03.08 연합뉴스

결론적으로 직장인들은 49.3세가 되면 자의든 타의든 퇴직을 한다. 물론, 자발적 퇴직을 하는 사람은 거의 없을 것이다. 나도 직장인이고, 당신도 직장인이라고 하면 대부분 듣는 이야기가 직장인들의 이야기고 삶이다.

돈버는 직장인

　어느 책에서 본 기억이 있다. 우리의 삶을 333이란 숫자로 잘 표현했다. 100세 인생이라고 하면 한국인 남성이 군대 갔다 와서 취업하는 나이가 30세 전후이고, 60세 은퇴한다고 하면 30년 동안 돈을 버는 것이고, 100세 시대에 나머지 30년을 그동안 번 돈으로 산다고 하여, 333의 숫자로 우리의 인생을 표현했다. 아주 정확한 표현 같다.

　여기서 중요한 것은 중간의 30년이다. 길어질 확률보다는 평균 직장인 퇴사가 49.3세이니, 어떤 사람은 19년(49-30)보다 짧을 것이고, 어떤 사람은 19년보다 길게 다닐 것이다.

　중간의 30년이 짧아질 가능성이 크다. 또한 재취업을 하더라도 재취업 후에는 전에 다니던 직장보다는 급여가 적을 확률이 아주 높을 것이다.

　나도 열심히 공부해서 좋은 회사에 들어갔다. 그러나 지금은 원하는 대학을 나왔어도 취업하기가 쉽지 않다. 또한 취업하더라도 49세를 넘길 가능성이 그리 크지 않다. 그러니 공무원 열풍이 불고 있는 것이 아닌가, 많은 이들이 가늘고 길게 직장생활을 하고 퇴직 후에는 연금으로 살아가는 방법을 택하고 있다. 그마저도 요즘은 또 분위기가 한 차례 달라지는 중이다. 공무원 연금이 적어 공무원 열풍이 잦아들고 있다. 신문 기사를 보니 젊은 공무원들도 자발적 퇴직을 많이 하고 있다고 한다. 공무원은 월급이 적더라도 노후에 연금을 보고 다니는 사람이 많았는데, 연금이 줄어드니 자발적으로 퇴직 신청을 하는 이가 늘고 있다는 내용이었다.

전문가들은 공직사회의 허리 역할을 하는 40대뿐 아니라 20·30대 공무원의 퇴직이 늘어나는 것을 심각하게 보고 있다. 공직사회의 경쟁력이 떨어지는 신호라는 점에서다. 특히 정부 부처의 세종시 이전은 '관가 탈출'을 부추기는 핵심 요인 중 하나로 꼽힌다. 정부 부처가 세종시로 옮기기 전인 2011년 각각 294명과 307명이던 4급(서기관), 5급(사무관) 공무원의 자발적 퇴직은 지난해 각각 352명, 500명으로 증가했다.

출처: 2023.06.06 한국경제

요즘은 인터넷 강의가 너무 잘 되어 있다. 나는 컴퓨터 관련 지식을 인터넷 강의를 통해 배운다. 엑셀, 워드, 포토샵, 홈페이지 제작, 컴퓨터 활용 능력, 거의 모든 컴퓨터 관련 강의를 들을 수 있는데, 1년에 10만 원을 넘지 않는다. 교육 때문에 학원가가 많은 지역으로, 고액의 비용을 들여, 굳이 이사하지 않더라도 얼마든지 좋은 교육을 받을 수가 있다.

아이들 공부도 마찬가지다. 인터넷 강의를 통해, 학원에 가지 않더라도 충분히 저렴한 비용으로 배울 수가 있다. 배우고자 하는 열망만 있으면, 지금은 얼마든지 배울 수가 있다. 의지의 문제일 뿐이다.

교육은 아주 중요하다. 단지 대학을 가기 위한 교육은 생각을 해 볼 필요가 있다. 지금은 서울에 있는 대학을 나와 대기업에 들어간다고 해도 월급만 모아서는 집을 살 수가 없다. 월급과 비교해 상대적으로 부동산이 너무 많이 올라 버렸다. 나는 베이비붐세대다. 우리 시대에는 월급을 모아 집을 샀다. 모든 것은 인플레이션이 됐는데, 내 월급만큼은 인플레이션이 되기가 어렵다는 것을 누구나 다 알 것이다. 모든 물가가 오르나 내 월급은 쉽게 오르지 않는다. 너무너무 힘들다. 따라서 월급만으로 부를 쌓아서는 자식 세대가 부모 세대를 추월하는 일이 거의 없을 정도다.

대부분 직장인들이 듣는 것은 직장인의 생각이고, 그 범주에서 벗어나지 못한다.

『부자 아빠 가난한 아빠』의 저자인 로보트 기요사키의 진짜 아빠는 교장 선생님이었다. 부자 아빠는 사업가다. 과연 직장인 아버지가 우리나라에서 열심히 공부해서 사업하라고 권하는 아빠가 얼마나 될까? 『부의 추월차선』의 저자 엠제이 드마코가 말하기를 사업을 잘 하면, 5년 이내에 경제적 자유를 누린다고 했다. 휠체어 탄 백만장자는 필요가 없다는 것이다.

『엄마 주식 사주세요』 존 리 저자는 대기업 직장인이 임원에 승진하는 것보다 사업해서 성공하는 확률이 더 높다고 한다. 2022년 11월 기사를 100대 기업에서 입사 후 임원이 될 확률은 0.83%라고 한다.

국내 100대 기업에서 직원이 임원이 될 확률은 0.83%인 것으로 조사됐다.
7일 글로벌 헤드헌팅 전문 기업 유니코써치에 따르면 올해 상반기 100대 기업 전체 직원은 83만3720명으로 지난해보다 3995명 줄었고, 미등기 임원은 6361명에서 6894명으로 늘었다. 산술적으로 직원 120.9명

중 단 1명(0.83%)만 임원이 될 수 있다는 얘기다.

출처: 2022.11.08 조선일보

또 존 리는 학원 보낼 돈이 있으면 차라리 그냥 아이들에게 주식을 사주라고 한다. 주식을 사면 자연스럽게 내가 산 회사를 검색하고 관심을 가지니, 저절로 자본주의를 공부하게 되기 때문이다.

이처럼 성공한 명사들의 생각은 역시 좀 남다르다.

교육이 중요하다는 건 우리 대중들도 누구나 다 공감하고 있어 자식들 교육에 열을 내고는 있지만, 그 방식이나 무엇을 교육시킬 것인가, 목표를 어디로 둘 것인가에 대해서는 지금까지 너무나 획일적이었다는 거다.

인터넷 강의

다시 이야기를 단독주택으로 끌어와 보자. 물론, 학원에 다니려면 주택은 좀 어려운 점이 있다. 접근성이 떨어지니 학원은 무리다. 그러나 그만큼 강력한 인터넷이란 무기가 있다. 학원 다닐 돈으로 최신 컴퓨터를 사주자. 요즘 한국에 인터넷이 되지 않는 지역이 있나? 택배가 되지 않는 지역이 있나? 언제 어디서건 원하는 거의 모든 것을 쇼핑할 수가 있다. 인터넷이 된다고 하면 원하는 모든 것을 거의 공짜로 배울 수도 있다. 전문가 강좌, 유튜브, 심지어 이제는 챗GPT의 도움도 받을 수 있는 세상이다. 게다가 인터넷 강의의 절대 강점은 알아들을 때까지 얼마든지 무한반복해서 들을 수 있다는 것이다. 귀한 돈내고 학원가서 졸아버리는 것보다는 훨씬 더 쓸모있지 않은가? 그러니 단독주택 산다고 교육환경이 나쁜 것이 아니며, 꼭 학원 교육이 인터넷 강의보다 좋다고도 말할 수 없다. 때론 대중과 멀어져서 획일적인 생각에서 벗어날 필요가 있다. 살면서 재테크에 대해 공부하고, 학원비를 아끼고, 그것으로 아이들에게 주식을 사주는 것이, 어쩌면 수학 문제 하나 더 풀어서 좋은 성적 받는 것보다 훨씬 더 나은 선택일 수도 있다는 말이다.

학교 교육은 50분 수업하고 10분 쉰다. 휴식 없이는 학업에 효율성이 떨어지기 때문이다. 도시 빌딩을 걷고 문제를 푼 학생과 숲속을 산책하고 온 학생이 문제를 풀었을 때, 숲속을 산책하고 돌아온 학생이 집중력도 더 좋고 문제도 쉽게 푸는 것을 다큐멘터리 영화로 본 적이 있다.

어른이나 아이나 적당한 휴식이 필요하다. 방과 후에 학원으로 돌린다고 학업의 효율성이 좋아지지는 않는다.

나도 아들이 둘 있다. 나는 50이 넘어서 책을 읽기 시작했지만, 나의 큰아들은 어렸을 적부터 책을 많이 읽었다. 큰아들이 군에 있을 때, 집에서 가까우니 주말만 되면, 내가 읽던 좋은 책들을 많이 빌려다 줬다. 나는 직장인으로 살아왔지만, 가능하면 내 자식은 사업하기를 원했고, 그렇게 조언했다. 나의 아내는 직장에 취업해서, 어느 정도 인맥을 쌓고, 어느 정도 사회생활을 하고 사업을 하라고 했다. 그 말도 맞는 말이다. 그러나 그 달콤한 월급에 취하게 되면, 결혼하고 직장을 나와 사업하기란 쉽지 않을 것이다. 좋은 사업 아이템이 있고, 성공에 대한 확신이 얼마간 있어도, 직장인 특유의 수동적인 삶에서 벗어나 적극적인 삶으로 변화하기란 쉽지가 않을 테니까.

책을 많이 읽어서 그런지, 아니면 부모의 조언을 받아들였는지 모르겠지만, 군대 갔다가 나오더니, 바로 법인 만들어서 대학 3학년 복학하자마자 사업을 시작했다. 지금도 매진하고 있는데, 이제 시작이니 잘 되길 응원하고 있다.

거듭 말하지만, 자식 교육의 원래 목적이 무엇인가 생각해 봐야 한다. 결국 잘 먹고 잘사는 것이다. 그 방법이란 것이 학원가에 막대한 비용을 지불하면서 꾸역꾸역 살아야 하는 것이라면, 고민해볼 필요가 있는 문제다.

학원비 대신 주식을 사주고, 돈에 대해 공부 시키는 것이 오히려 경제적으로 더 윤택하게 될 수도 있다. 내 자식을 노동자로만 살게 할 것이 아니라, 자본가 또는 사업가로 변신하게 할 교육도 생각해 봐야 한다. 나도 직장인이지만 늘 하고 싶은 것이 사업이었다. 그러나 그것이 쉽지는 않았다. 지금도 그 꿈을 꾸고 있다.

나도 열심히 공부해서 대기업에 들어갔지만, 늘 고민이 퇴직 이후의 삶이었다. 고민되지 않을 수 없었다. 내 자식도 어렵게 대기업에 들어가더라도 49세 이전에 나오거나, 더 다녀도 퇴직 후의 삶에 대해 고민할 것이다. 내 자식도 나와 같이 다람쥐 쳇바퀴 도는 인생을 살게 하고 싶지는 않았다.

생각을 바꿔보면, 교육은 성적 잘 받는 교육보다 오히려 학교나 학원에서 가르쳐 주지 않는 돈 공부를 해서 돈의 개념을 심어주는 것이 오히려 더 좋은 교육이 아닐까 생각한다.

가족의 반대

오리 가족

　배우자가 도시 출신이든, 지방 시골 출신이든 도심을 벗어난 외곽
지 주택으로 이사하자고 하면, 으레 강력한 반대에 부딪힐 것이다. 도
시의 아파트를 떠나서, 도시 외곽 단독주택으로 가는 결심은 문화생
활 등 각종 변화로 여러 가지 어려움이 따른다. 나 또한 아내를 설득
하는데 3년이란 시간이 걸렸다. 지금 생각해보면, 주택으로 가고자
하는 나의 욕망이 워낙 커서 아마 당시에는 마지못해 허락해 준 것이
라고 본다.

　도시에서의 삶. 가까운 백화점, 마트, 학교를 걸어 다닐 수 있는 곳
에 사는 것이 대한민국 국민들 전체가 꿈꾸는 삶인지는 모르겠지만,

대부분의 사람들이 도시에서의 삶을 더 선호하는 건 사실인 것 같다. 그렇다보니 시골이나 주택에서의 삶을 좋아하는 사람에 대해서는 들어본 적이 별로 없다. 어쩌면 당연한지 모르겠다. 주택은 아무래도 아파트보다 손이 많이 가는 것이 현실이다. 청소할 곳도 많고, 집안에 고장이 나면 고쳐야 하는데 배우자가 집에 없으면 스스로 고쳐야 하고, 배우자가 청소를 잘해주지 않으면 내가 해야 하는데, 그런 생각을 해보는 것만으로도 피로해질 테니 말이다.

어쨌든, 배우자가 반대한다면 어쩔 수가 없다. 극단적으로 이혼하지 않는다면, 가고파도 갈 수가 없다. 주거란 그런 것이다.

그러니 이사를 위해서는 그동안 우리가 가지고 있었던 고정관념부터 깨야 하는데, 그것을 깨기란 쉽지가 않다. 당장 내가 주택에서 잘 살지에 대한 확신이 들지 않는다면, 설득해야할 배우자는 말할 것도 없다.

지금 60이 넘으신 세대 분들은 주택에서 살아본 경험이 있으므로, 주택의 불편함을 너무나 잘 알 것이다.

가장 취약한 것이 겨울에 단열이 안 되니 춥다. 화장실이 외부에 나가야 있으니, 밤에 화장실 이용하기가 얼마나 어려운가, 그리고 뜨거운 물 만들어 쓰기가 힘들다. 당시에는 보일러도 없었다. 또한 시골에 주택은 아궁이에 불 때서 요리하고, 난방하고 했으니 얼마나 불편했겠는가? 또한 어떤 화장실은 여전히 푸세식이었다. 불편은 말할 것도 없었다.

그러나 그때의 주택과 지금의 주택은 매우 다르다. 지금의 단독주택은 아파트나 공동주택처럼 집을 지어서 따뜻하고 편리하다. 어쩌면 공동주택보다는 아이들 키우기가 더 좋을 수도 있다. 층간 소음에 신경 쓰지 않고 맘대로 뛰어놀 수가 있고, 반려동물이 있다면 키우기에도 좋다. 또 음식 만들기를 좋아하는 사람이라면 직접 장도 담글 수 있고, 그게 아니더라도 별도의 취미 공간을 만들어 좋은 취미도 즐길 수 있으니, 단점을 보완할 만큼 장점도 많다. 단 출퇴근 시 외곽이면 시간이 걸리며, 아이들 학교가 멀 수도 있고, 마트가 멀 수가 있다.

단독주택에 가지 않을 핑계를 대라면 수백까지는 된다. 벌레가 어쩌고, 방범이 저쩌고, 관리는 어떻게 하느냐 등등, 많은 걱정거리가 있다. 이제 나는 단독주택에 살면서 거꾸로 고층 아파트 사는 사람을 걱정한다. 정전되면 승강기가 안 되니 힘들겠다. 단수가 되면 힘들겠구나 하는 생각을 해본다. 나는 다행히 3년이라는 설득 과정이 있긴 했으나, 나의 아내가 잘 이해해 주었다. 마침내 40대 후반에, 공동주택을 떠나서 단독주택으로 이사를 할 수 있게 됐다. 태생이 시골 출신이라 단독주택에 가면 금방 적응할 것으로 생각했었다. 그러나 단독주택으로 이사 와서 적응하는 데 시간이 좀 걸렸다. 나도 그동안 너무 아파트 생활에 길 들여져 있었다. 다행히 1년이 지나니 어느 정도 적응이 됐다.

과거에 내가 살았던 어렸을 적 집, 그 집은 내 집이 아닌 부모님의 집이었다. 난 그 사실을 가볍게 봤다. 내가 직접 관리하지 않고 살았으면서, 단순히 시골 출신이라 주택에 살아도 별문제가 없겠거니 하고 생각했던 건 솔직히 경솔한 생각이었다. 과거에 살았던 기억들과 실제 직접 단독주택으로 거처를 옮겨와 살아본 삶은 분명 차이가 있었다. 우리가 그동안 아파트에 얼마나 길들여져 있었는지를 단독주택으로 떠나오며 느꼈다.

아파트 공동주택에서 살아온 기간이 길수록 적응하는 기간도 길수밖에 없다고 생각한다. 바로 이런 것들이 은퇴하고 전원주택에 갔다가 적응하지 못하고 아파트로 다시 돌아가게 되는 부분이 아닌가 한다. 그러니 이사를 결심했다면, 조금이라도 빨리 해버리는 게 좋다.

물론, 배우자의 이해가 없다면 떠나서는 안 된다. 배우자의 이해가 필요하며 같이 공감해야 한다. 단독주택에 사는 것이 여러 가지 면에서 우리 가족의 삶에 긍정적인 변화와 조화로움을 안겨줄 것이란 믿음과 공감이 형성되어야 함께 떠날 수 있다.

단독주택의 삶은 생산과 소비를 함께 할 수 있으며, 상대적으로 공동주택보다는 주거에 대한 비용이 적으니, 잉여자금으로 부를 축적할 수 있다. 그러므로 빚의 노예에서 탈출하거나 빚이 없다고 하면 더 빠르게 노동 일부를 자본으로 전환을 시킬 수가 있을 것이다.

절약을 배우고, 일부는 자급자족하고, 비교적 저렴한 주거에 살면서 소비보다는 한시라도 젊었을 때 저축하면, 노동 수입이 단절되더라도 걱정 없이 살 수 있으리라 생각한다. 이런 것을 배우자가 공감한다면 도시의 공동주택을 떠나 단독주택으로 이사할 수가 있다.

나는 되도록 아이들이 어렸을 적에 떠난다면, 아이도 좋을 것이고, 아이들도 고향이 생겨서 좋을 것으로 생각한다. 지금 아이들 세대는 고향이 없는 것 같아 안타깝다. 주택에 산다면, 아이들과 함께 하는 시간들도 소중한 추억이 되며 돈으로 환산할 수 없는 고향이라는 선물을 주는 것이라고 생각한다.

아파트의 자산가치 상승

자산 가치 상승

공동주택을 떠나지 못하는 가장 큰 이유 중 하나는 아파트의 자산 가치다.

주거와 투자가 동시에 해결되니 이것처럼 좋은 것이 또 있을까? 재산의 가치로서는 최고라서 미련을 버릴 수 없다. 게다가 과거의 주거 혁명에서 이제는 내 자산의 가장 큰 부분이 되었는데, 만약 떠난다면 다시 돌아오지 못할 것이라는 두려움도 단단히 자리 잡고 있다.

그 부분은 누구도 부인할 수 없을 것이다. 거의 모든 직장인은 살 수 있으면 '영끌'해서라도 살 것이다. 나의 아내도 한참 아파트 가격이 하늘 높은 줄 모르고 오를 때에는 괜히 우리만 주택으로 이사한 탓에 소외되는 것은 아니냐고 괜한 걱정에 발을 동동 구르기도 했었다.

그러나 말 그대로 괜한 걱정이다. 문제의 핵심은 변하지 않는다. 아파트를 구입하는데 많은 돈이 들어가니 대출 없이는 살 수가 없다. 만약 내가 은퇴를 할 때, 가격이 하락하거나 또는 팔리지 않거나, 대출금을 다 갚을 수 없게 된다면, 과연 나는 어찌 되는 것일까? 다행히 올라서 팔고, 빚도 다 청산하면 더없이 좋을 것이다. 그러나 아파트에도 수명이 있다. 우리나라 아파트는 설계 연한이 30년이라고 한다.

그러니 30년이 지나면 재건축을 해야 한다. 과거에는 저층 아파트였기 때문에 재건축하는데 비교적 쉬웠고, 또한 내 돈을 들이지 않고 새로운 아파트가 생기니 이처럼 좋은 조건이 없었다. 또한 특정한 지역은 초과 이득까지 생겼다. (위의 기사는 30년이 넘었지만 18년이나 더 지나 재건축한다는 것이다. 여러 가지 영향으로 늦어졌을 것이다.)

그러나 지금 고층 아파트는 재건축이 되지 않을 가능성이 높을 것이라 짐작된다. 지금은 저층 아파트도 거의 없다. 대부분 15층 이상의 고층 아파트다. 또한 과거에는 공급이 부족하니 재건축만 하면 돈이 되었지만, 지금은 아파트가 넘쳐나는 세상이다. 재건축하려면 아파트 사들일 때만큼 돈이 더 들어갈 수도 있다.

이제는 내 돈을 들이지 않고 재건축하는 것은 힘들다고 봐야 한다. 이미 고층 아파트기 때문이다. 그나마 재건축이 되면 다행이지만, 만약 30년이 지나도 재건축 이야기가 나오지 않는다면, 죽을 때까지 쓰다가 버려야 할지도 모른다. 이제는 아파트도 자동차처럼 어느 정도

쓰다가 버려지는 시대가 올지도 모른다.

　일본의 집은 100엔 하우스가 있다고 한다. 한국 돈으로 하면 1,000원짜리 집이다. 요즘은 환율이 내려서 1,000원도 되지 않는다.

　100엔이라는 이야기는 집이 공짜라는 이야기다. 공짜로 줘도 안 가져간다는 것이다. 집은 소유했을 때, 그에 따른 세금이 부담되기 때문에 구매를 하지 않는다. 믿기 힘들지만, 당장 유튜브만 검색해 봐도 관련 콘텐츠가 많이 나온다.

관련 유튜브 링크 주소
https://youtu.be/3tIiasLYbVA/ https://youtu.be/GPlqsUieB3w
https://youtu.be/aKJiFdNspXs

　일본의 부동산 관련 기사다. 일본 도쿄 맨션아파트가 1990년을 정점으로 가치가 계속 떨어졌다. 우리가 다 아는 일본의 잃어버린 30년에 관한 이야기다. 그러나 우리나라는 일본처럼 되지 않는다는 내용이다.

도쿄 맨션아파트 가격은 70㎡ 기준으로 1990년 1억760만엔에서 1994년 5800만엔으로 떨어졌다. 이후에도 장기 불황기에 들어서면서 2001년에는 4700만엔까지 하락했다.
"당시 일본의 상황과 유사한 면이 있지만 일본과 같은 폭락 상황을 예상하기 어려운 이유는 우리나라는 부동산 담보 대출에 대한 제한이 지금의 가격 하락의 버팀목 역할을 하고 있다는 것"이라며 "가장 큰 차이가 버팀목 역할을 위해 여러가지 제도가 설계됐다는 점이어서 일본처럼 연쇄적인 부도로 이어지지는 않을 것"이라고 말했다.

출처: 2022.11.02 NEWSIS

기사 내용은 부동산 담보 대출에 대한 제한 때문에 일본처럼 되지는 않는다는 내용이다. 모든 지표는 일본을 닮아 가는데, 아니 일본보다 더 심각하게 진행되는데, 대출 제한이 아파트 가격 하락을 막는다고 한다. 대출 제한은 파산으로 가는 것을 막을 수는 있을지 몰라도 전반적인 가격 하락은 생각해볼 문제다.

일본은 대출이 없고 우리는 대출이 있다. 30년 설계 연한에 50년 만기 대출을 해줄 정도면, 우리나라 부동산 대출이 얼마나 심각한지 미루어 짐작할 수 있을 것이다. 일본처럼 따라가지 않지만, 부동산 가격이 하락하면 우리는 빚만 남는 꼴이 된다. 더군다나 40년, 50년 만기 대출은 대출원금이 좀처럼 줄어들지 않는다. 5억을 50년 분할 상환한다고 하면, 매월 833,333원이다. 그럼 아파트 설계 연한인 30년이 되었을 때, 겨우 3억을 갚고 2억이 남는다. 당신의 나이가 40이라면 70살이 되어도 3억을 갚고, 아직도 2억이 남아 있다는 이야기다.

빚의 노예

중간에 누가 사줘야만 하는데, 그 누구는 당신들의 자녀다. 그들이 사줘야 하며, 그들이 사주지 않는다면 죽어도 빚을 갚지 못할 수도 있다. 당신의 자녀나 또는 그 이후의 세대들이 30년이 넘은 낡은 아파트를 사줘야 하는데 그들도 바보가 아닌 이상 절대 그럴 결심을 하지는 않을 것이다.

이미 저출산율, 고령화는 전 세계 1위다. 그러나 우리는 일본처럼 되지 않는다고 한다. 일본처럼 되지 않는 이유도 여러 가지 있지만, 그중에 하나를 드는 것이 1인가구의 증가다.

다음은 이지성의 『미래의 부』 책 내용에 나오는 이야기다. 통계청 발표를 인용했으니 정확할 것이다.

> 1인가구가 400만에서 500만으로 느는 데 5년이 걸렸는데 , 500만에서 600만이 되는 데는 4년이 걸렸다. 통계청에서도 놀라운 속도라고 표현할 정도로, 우리나라 1인가구 중가 속도는 너무 가파르다.
>
> 출처: 이지성의 미래의 부

또한 1인가구를 한국경제연구원이 2020년 발표한 자료를 인용했다.

> 1인가구가 계속 늘어난다는 건 어떤 의미인가. 한국경제연구원이 2020년에 발표한 〈1인가구의 특성 분석과 경제적 영향〉 보고서를 살펴보면, 1인가구의 주요특성은 여성, 저학력, 미취업이다. 즉 1인가구가 늘어날수록 우리나라의 경쟁력, GDP는 계속 떨어질 수밖에 없는 구조다. 현재 1인가구가 빠르게 늘어나고 있고 앞으로 그 수는 더 많아질 것이다. 역설적으로 말하면 우리나라가 그 만큼 망해간다는 뜻이다. 무엇보다 큰 문제는 1인가구의 40%가 무직자라는 사실이다. 직업이 없으니 당연히 소득

도 없다.

출처:이지성의 미래의 부

　2023년 이후는 60세 이상 인구가 1,500만 명인 시대가 온다고 한다. 또한 1인가구가 급격하게 증가한다고 한다. 1인가구가 대한민국 인구를 증가시키는 것은 아니다. 1인가구를 분석해 보면 여성과 고령자라고 하며, 그중에 40%가 미취업자라고 한다. 과연 1인가구가 비싼 아파트를 구매할 여력이 있는지 의문이다. 또한 50년 만기 담보대출을 받은 사람은 정말 50년 동안 빚을 갚고 싶지는 않을 것이다. 누군가에게 팔아넘겨야만 하는데, 그 누군가가 인구 감소로 점점 줄어들고 있다. 과연 누가 대신 50년 치의 빚을 안을까?

　일본은 앞으로 15년 후인 2038년에는 세 집 중에서 한 집이 빈집일 것이라고 전망하고 있다.
　이 문제가 이제는 우리에게 닥칠 문제다. 이제는 빈집이 일본에 국한된 이야기가 아니라는 것이다.

　앞으로 15년 안에 일본의 전체 가옥 3곳 중 1곳은 빈집이 될 것이라는 분석이 나왔다. 빈집이 사회적 문제로 부상한 가운데 더욱 강력한 빈집 철거와 재활용 대책이 시급하다는 지적이다.
（중략）
난 2018년 일본 정부의 주택 및 토지 조사에 따르면 전국 부동산의 약 14%인 850만 채가 빈집으로 집계됐다.

출처: 2023.05.15 파이낸셜뉴스

한국의 빈집도 이제 일본을 따라가는 중이다. 2022년 기사 내용을 보면 전국의 빈집이 151만 채가 넘어간다고 한다. 151만 채 중 공동주택 비율이 76%가 넘어간다.

나는 이 기사에서 일본보다 더 심각하게 보는 것이 빈집 비율에서 공동주택 비율이 높다는 점이다. 때문에 일본보다 우리나라가 훨씬 더 심각한 상태라고 생각한다. 단독주택은 빈집 처리가 기술적으로 간단하다. 그러나 공동주택 빈집 처리는 기술적으로나 법적으로나 더 어렵다.

한국에서 2023년 아파트 10채 가운데 4채가 주인을 찾지 못한다는 기사 내용이다. 이것은 오래된 아파트가 아니라 새 아파트의 입주율이다.

2장. 도시 탈출의 방해 요소들

세계적으로 우리나라는 공동주택 비율이 가장 높다고 한다. 논 한 복판에도 공동주택의 대표 격인 아파트가 들어서고 있으니 얼마나 높은지 알 수 있을 것이다.

전국적으로 78.3%가 공동주택에 살고 있다고 한다. 한국의 도시화율이 92%라고 하니 도시에 사는 거의 모든 사람이 공동주택에 산다고 보면 된다.

2023년 9월 기준으로 미분양 아파트가 6만 채가 넘어갔다고 한다. 이것도 미분양 신고가 의무사항이 아니니 더 넘어갈 수도 있다고 한다.

나는 아파트 관련 통계를 보지 않는다. 통계를 보지 않아도 주위만

둘러봐도 알 수가 있다. 어디든 아파트가 넘쳐나고 있다. 도심이건, 지방이건, 수도권이건 주변을 둘러보면, 보이는 것이 거의 다 공동주택이다. 1기, 2기, 3기 신도시, 혁신도시 등등 너무나 많은 공동주택이 지어졌다.

공급은 넘쳐나고 인구는 줄고 있는데, 아파트 가격은 오늘이 가장 싸다고 이야기한다. 인구도 줄고, 아파트는 공급이 넘쳐나는데 가격은 왜 오를까? 나 나름대로 이유를 생각하니 아파트를 계속 지어서 분양하려면 가격이 계속 올라야 한다. 그래야 고가의 아파트도 분양이 잘 될 테니까.

한국의 아파트

아파트 가격을 거품으로 만드는 기사를 봤다. 신고가를 만들고 취소했다는 기사 내용이다. 그 건수가 19만 채가 넘어가며 전체거래 건수의 6%에 달한다는 것이다.

신고가로 신고한 후 계약을 취소하는 방식으로 집값을 띄우는 편법이 여전히 횡행하게 발생하고 있는 것으로 나타났다. 이를 방증하듯 작년 2월

2장. 도시 탈출의 방해 요소들

부터 지난달까지 부동산실거래 등록 후 거래취소한 건수는 19만건으로, 거래 취소가 전체거래 건수의 6%에 달했다. 국토교통위원회 소속 진성준 의원이 한국부동산원으로부터 받은 자료에 따르면 2020년 2월 1일부터 올해 9월 30일까지 부동산실거래 시스템상 거래취소공개건수는 전체 주택매매 334만4228건 가운데 18만9397건(5.7%)이었다.

출처: 2021.10.16 매일경제

신고가 거래를 만들고, 그 기사가 신문에 나오나, 거래 취소한 기사는 잘 나오지 않는다. 왜 이런 일이 벌어질까? 어떤 세력에 의해 조직적으로 아파트 가격을 올리지 않았을까? 세력들이 거품을 만들었다 말이다. 그들이 거품을 만든 이유는 무엇일까? 거품으로 인해 막대한 이윤을 챙기려는 어떤 집단들이 있지 않고서는 답을 내리기 어렵다. 그들은 사람들에게 절판의 이미지를 심는다. 오늘이 가장 싸고, 오늘을 놓치면 기회가 없을지도 모른다는 초조함. 그런 절판의 이미지가 형성되어야 지금까지 만들어 놓은 아파트들이 비싼 가격에 분양이 잘 될 테니까.

요즘 전세를 사는 사람들은 전세대출을 받아서 산다. 은행에서 담보 없이 대출해줄 리가 없는데, 불과 몇 년 전까지만 해도 없었던 제도다. 국가가 보증을 서는 것이다. 국민의 세금으로 보증을 서고 은행에서 전세대출을 해준다. 국가가 보증을 서기까지는 누군가 정책 제안을 했을 것이고, 누군가는 국가에 로비를 해서 국가가 보증을 서서 전세대출을 해줄 수 있게 했다. 부동산 전문가에 의하면 우리나라 전세대출만 없애도 집값이 정상화된다고 이야기한다. 집 가격이 오르고 전세 사기가 많은 이유는 전세대출 때문이라고 이야기하는 전문가들이 있다.

우리나라 아파트가 일본화까지 가지 않더라도, 가격이 정상화만 되어도 지금보다는 많이 떨어질 것이다. 또한 투기꾼들과 건설사를 위한 정부 정책이 아니라, 서민들을 위한 정책을 편다고 하면 아파트 가격을 정상화해, 직장인들도 5~6년 아끼고 절약하면 집을 살 수 있는 가격이 된다고 하면, 지금보다는 가격이 많이 내려가야 한다고 생각한다.

요즘은 기준 금리 인상 효과인지 모르겠지만, 전세가격 하락, 집값 하락이 대세가 되는 세상이다. 워낙 높은 가격이라 거품이 꺼지는 것인지, 금리가 높아서 그런 것인지는 나도 정확히 잘 모르겠다.

누가 코로나19가 이렇게 우리를 바꿔놓을 것이라고 상상이나 했겠는가? 질병 하나로 전 세계가 봉쇄되고, 그로 인해 전 세계적으로 경제가 어려워지고, 한국도 자영업자와 기업이 나란히 어려워지리라고 누가 알았겠는가? 저금리 속에 생활하던 많은 사람들이 이렇게 금리가 높아질 줄 누가 예상했겠는가? 천정부지로 치솟던 집값이 이렇게 내려가고, 또한 전세가격이 이렇게 떨어질지 누가 알았겠는가? 우리나라의 부동산 지표는 일본보다 더 심각하다는 걸 보여준다. 만약 우리나라 부동산이 일본처럼 된다고 하면, 우리나라 서민들의 아파트는 빚만 남는다. 어쩌면 이미 우리나라 부동산은 일본보다 더 심각한 상태일 수도 있다.

일본은 1990년대 3억짜리 부동산을 2020년대 들어서 3천만 원에 팔아도 잘 살다 파는 거니까 만족한다고 한다. 한국에서는 아마 그런 일이 일어나면 기절할 게 분명하다. 그러나 이 현상은 분명 일본 부동산의 실화다. 어느 은퇴 연구 전문가는 은퇴 후에는 고층 아파트를 조심하라고 말하는 분인데, 워낙 아파트 가격이 높게 오르다 보니 이젠 그런 말을 하는 것조차 겁이 난다고 한다.

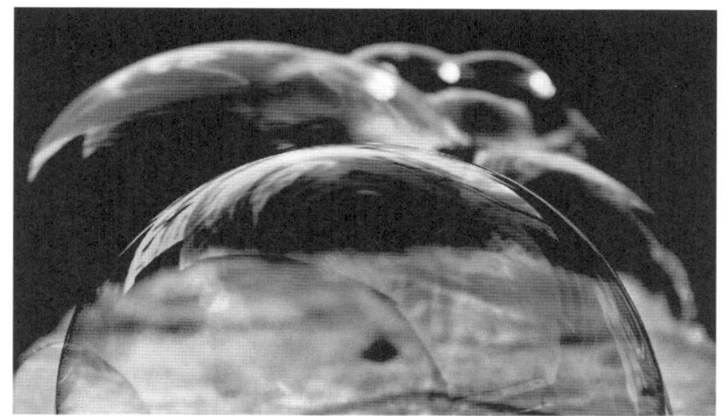
거품

　지금도 아파트로 돈을 번 사람들이 많이 있을 것이다. 그러나 그만큼 아파트로 인해 파산한 사람도 있을 것이다. 파산한 사람은 기사에 잘 나오지 않는다. 파산하지 않았더라도 어쩌면 직장생활 할 동안 대출금을 갚느라고 삶의 질이 떨어지고, 은퇴해도 여전히 대출금이 남아 있는 사람도 있을 것이다.

　앞으로도 계속해서 아파트가 투자의 대상일지는 모르겠다. 아파트를 단순 주거의 개념으로 접근하고 직장 다니는 동안 살아가는 곳으로 생각한다면, 지금처럼 무리하게 사려고 하지는 않을 것이다. 모든 문제는 아파트 가격이 내 월급과 비교해 너무 비싸기 때문이다. OECD 내집마련 평균이 연봉의 11년이라고 한다. 그러나 우리나라의 아파트 가격은 25년에서 30년 동안 월급을 한 푼 쓰지 않고 모아야 하는 금액이니 얼마나 비싼지 알 수 있다.

　공동주택은 넘쳐난다. 나는 주택의 절대 공급은 모자라지는 않는다고 생각한다. 반면, 투자할 아파트는 부족할 수 있다.

나는 앞으로 공동주택을 주거의 개념으로 접근하면 괜찮지만, 주거와 동시에 투자의 개념으로 접근하려면 특정한 지역 이외는 투자가치가 없다고 생각한다. 이미 공동주택은 넘쳐난다.

불과 1~2년 전만 해도 아파트가 주거 혁명에서 투기 광풍으로 가더니, 지금은 미분양이 속출하고 있다. 그러나 전국 어디를 가도 아파트 일색이다. 단독주택을 이제는 거의 찾아보기 힘들 정도다.

과거 우리나라는 주거환경이 열악했었다. 난방이 거의 되지 않고 화장실은 뒷간으로 해서 재래식 화장실이 대부분이었다. 아파트가 들어오고 화장실도 집 안에 넣어두는 구조가 되면서 주거의 혁명이 일어났다. 또한 아파트는 당첨만 되면 로또가 되는 시절이 있었다.

전국 국토를 돌아보자, 눈에 아파트가 들어오지 않는 곳이 없다. 수도권은 아파트 아니면 아파트 같은 빌라, 연립, 다가구 주택들이다. 공동주택이 아닌 단독주택을 찾아보기 힘들다.

인구는 줄어들고 집은 넘쳐나는 세상이다.

한쪽에서는 주택이 부족하다고 계속 지어대고 있다. 그러나 이미 한국도 빈집이 넘쳐난다는 세상이 코앞까지 닥쳐왔다. 그래도 여전히 아파트 투기를 유도하는 사람들은 연립이나 다가구가 아닌, 집 같은 집인 아파트에 살아야 한다고 이야기할 것이다. 일시적으로는 그런 수법이 여전히 먹힐 줄도 모른다. 아니, 분명, 그 속임에 넘어가 나중에 내가 속았다는 것을 알았을 때는 이미 늦은 뒤라서 깊은 수렁에 빠진 채 허우적댈 사람도 있을 것이다.

여러 가지 데이터를 봤을 때, 즉 출산율 0.80명이 되지 않고, 고령화, 1인가구의 급격한 증가와 공동주택 비율 등으로 봤을 때 어쩌면 우리는 일본보다 더 심각할 수도 있다고 생각한다.

적당히 살다가 팔아야 하는데, 누군가가 사줄 사람이 있어야 하는데, 30년 다 되어가는 노후화된 아파트를 누군가 사줄 사람이 있을지 의문이 든다.

단독주택 빈집은 사실상 처리는 쉽다. 후손들에게도 크게 부담이 되지 않을 것이다. 철거해서 빈 땅으로 처리해도 된다. 그러나 공동주택 빈집 처리는 쉽지 않다. 땅 지분으로 보면 얼마 되지 않는 지분이지만 철거하는데도 쉽지 않고 붕괴 직전이면 더욱더 어려울 것이며, 아파트 철거한 땅에서 과연 무엇을 할지도 의문이다.

출산율, 빈집, 도시화율, 서울의 폐교, 미분양, 50년 대출, 1인가구, 산업경쟁력 여러 가지 자료를 볼 때, 과연 공동주택의 대표 격인 아파트가 앞으로도 계속 믿음직한 자산이 되어줄 수 있을까?

그간의 관성 탓에 의문을 지우기 쉽지는 않겠지만, 분명 숙고해볼 문제라고 본다. 내일로 이어지는 길은 조금도 긍정적인 시그널을 주고 있지 않으니까.

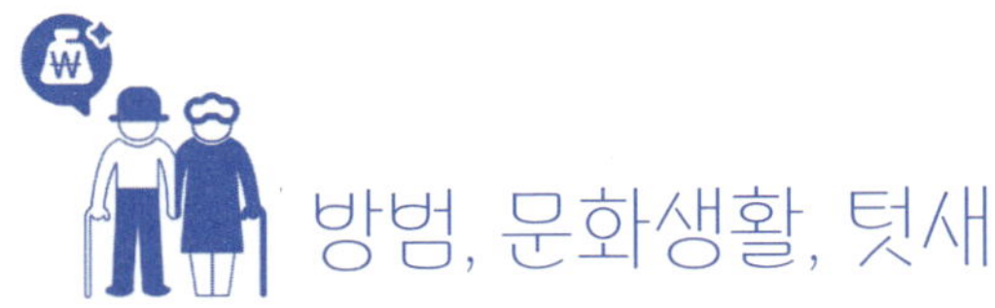

1) 방범

우리나라처럼 안전한 나라가 있을까?

도시화는 범죄율이 높다. 인구 밀집도가 높은 도시면 어느 나라나 범죄율이 높다. 따라서 모든 나라의 도시는 그 나라의 지방보다 범죄율이 높다. 많이 모여 살고 인구가 늘면 여러 가지 문제점이 발생한다. 나는 직업상 여러 나라를 돌아 다녀봤지만, 우리나라처럼 치안이 좋은 나라를 못 봤다.

미국은 대낮에도 사각지대에 가면, 여지없이 범죄가 일어날 수 있다. 미국에서 대낮에 걸어 다니다 차를 타고 가는 사람이 던진 콜라 캔에 맞은 적도 있다. 그러나 미국의 중산층이 사는 집들은 울타리가 없다. 바로 현관문만 열면 집안이다.

미국의 주택

그렇다고 모든 미국 가정에서 총기를 소지하고 있는 것은 아닐 것이다. 또한 총기 때문에 담장이 없는 것도 아니다.

나는 브라질에서 잠시 서 있는 사이 주머니에 있는 돈을 털린 적도 있다. 그것도 대낮이었고, 사람들이 붐비는 곳이었다. 밥 사먹을 돈만 주머니에 넣고 다니는데 그것마저도 털렸으니 불안해서 걸어 다닐 수도 없었다.

그리스의 주택

그런 면에서 상대적으로 한국은 어떤 나라보다 안전한 나라라고 생각한다. 그럼, 아파트와 비교해서 주택이 상대적으로 방범에 취약할까? 주택의 울타리 안으로 들어오는 것은 쉬울 것이다. 그러나 주택 울타리 안에서 주택 내부로 들어오는 것은 아파트와 동일하다. 요즘은 주택도 현관에 아파트처럼 다 잠금장치가 되어 있고, 창호도 시스템 창호로 되어 있어 외부에서 열기 쉽지 않다.

불안한 사람은 방범 장치도 다 설치하고 이것도 모자라, 해외 인터넷 구매까지 동원해 방범용 CCTV를 직접 사서 설치하기도 한다. 그래서 스마트폰으로 모니터링을 하면서 양방향 통화도 되고, 집 주변에 사람이 나타나면 바로 알림도 받는다. 디지털 강국이라 집집마다 와이파이가 되니 충분히 가능하다. 주택이 크다면, 와이파이 확장 설치로 사각지대도 없앨 수 있으며 설치도 간단하다. 현재 시세로 6만 원 내외면 직접 설치가 가능하니 어쩌면 아파트보다 더 안전할 수도 있다.

주택의 가장 큰 장점은 낯선 사람이 오면 금방 표시가 난다는 것이다. 그리고 주택은 대부분 이웃집에서 볼 수가 있다. 그러니 누가 들어오거나, 무슨 일이 벌어지면 이웃집에서 보고 바로 신고해줄 수가 있다.

전원 속에 나 홀로 집에 살지 않는 한, 도시 근교 단독주택에 살면 이웃이 있다. 게다가 지자체에서 방범용 CCTV도 다 설치를 해주니 얼마나 좋은가?

그러나 공동주택은 일단 집 내부로 들어오기만 하면 내부에서 무슨 일이 벌어지는지 아무도 모른다. 설사 내부에서 싸우는 소리가 나더라도 크게 신경 쓰지도 않는 편이다. 집 내부로 들어오는 것은 아파트나 주택이나 같다. 그러나 내부에서 무슨 일이 벌어지면 주택은 금방 발견되지만, 아파트는 발견이 쉽지 않다.

양방향 CCTV

우리나라는 안전한 나라다. 그 안전한 나라에서도 물론 범죄는 있다. 요즘 집안에 귀금속을 두고 다니는 사람은 없을 것이다. 거의 모든 사람이 스마트뱅킹을 하고, 카드로 쓰니 현금을 들고 다니는 사람도 별로 없다. 범죄는 기본적으로 목적이 있어야 한다. 금품을 노리거나 원한이 있어서 원수를 갚거나 그런 것이 아니라면, 묻지마 범죄는 확률적으로 미비한 수준이다. 특별히 어떤 사람에게 원수를 진 사람이 아니라면, 어느 나라보다 안전한 나라가 한국이 아닌가 생각한다.

브라질 교민이 한국에 와서 안도의 숨을 쉬는 것을 본 적이 있다. 브라질에 비하면 치안이 너무 좋다보니 저절로 마음이 편해지는 거다. 그만큼 우리나라가 범죄에 관해서는 안전한 나라다. 그렇다고 우리나라가 범죄가 하나도 없다는 이야기는 아니지만, 확실히 상대적으로 안전한 나라다.

대부분 아파트는 범죄에 안전하고, 단독주택은 범죄에 취약하다는 이야기를 많이 한다. 그건 몰라서 하는 소리다.

내가 어렸을 때 나는 시골에 살았다. 그때 당시는 대문의 잠금장치도 없었고, 울타리도 제대로 없었고, 맘만 먹으면 언제든지 울타리 안으로 들어오는 구조였고, 내부로 들어오는 것은 식은 죽 먹기였다. 잠금장치 자체가 없었으니 이웃집에서 방문하면 집 안으로 들어와서 헛기침 한 번하는 것으로 출입을 알려주는 그런 문화였다.

아파트는 경비원이 아파트 치안을 담당해 준다. 문제는 정말 입주민 모두의 치안을 책임질 수 있는지는 잘 모르겠다는 거다. 대부분 아파트 경비원은 은퇴하고 나이가 많으신 분들이다. 신문에 심심치 않게 주민들이 경비원에게 폭언과 폭행을 일삼았다는 기사가 등장한다. 경비원으로 생각하는지 아니면 하인으로 생각하는지 모르겠다. 어느 쪽이건 아마 저런 대접을 받는 있는 경비원을 믿고 우리 아파트가 안전하다고 생각하는 사람은 별로 없을 것이다. 경비원도 만능이 아니고 아파트의 CCTV도 만능이 아니다. 범죄가 일어나려면 얼마든지 일어난다. 아파트건 주택이건 일어난다. 오히려 인구가 많은 공동주택에서 범죄가 일어날 가능성이 더 크다.

요즘 공동주택 층간 문제로 다투는 일이 종종 일어난다. 아무래도 층간 소음 문제로 스트레스 받는 사람들이 많다. 층간 소음 문제로 다툴 때는 경비원도 개입을 못 하고 경찰도 개입을 못 한다. 아래층 사람이 시끄럽다고 흉기 들고 올라와서 문 두드리면 어떻게 해야 할까? 그야말로 공포다. 이웃을 잘 못 만나면, 내 집인데 이사 갈 수도 없고, 고가의 주거지인데 어떻게 할 것인가? 만약 아파트 실내에 들어오면 집안에서 어떠한 일이 벌어져도 알 수가 없고, 이웃집에서 과연 신고해줄지도 의문이다. 경비원이 있고, 아파트 현관문이 있다고 해서 결코 치안이 좋은 게 아니다.

단독주택도 그 정도의 시설은 얼마든지 할 수 있다. 불안하다면 방범 시스템을 설치하면 되는 것이고, 그것도 비용을 쓰기 싫다면 개인적으로 보안카메라를 사서 설치하면 된다. 그것도 불안하면 충성스러운 개가 있지 않나? 개는 낯선 사람이 오면 잘 알려준다. 반려견 겸 경비견 역할까지 수행해주는 강아지가 있다. 너무 잘한다. 오히려 경비원보다 낯선 사람이 왔다는 것을 더 잘 알려주는 것이 강아지다. 또 주택의 특징 중 하나로 이웃이 있다. 내가 강아지를 안 키우더라도 옆집에서 강아지를 키우고 있다면, 그 덕을 볼 수 있다. 낯선 사람이 오면 짖어주며, 보안카메라가 따로 안 알려주더라도 주변 이웃들이 그런 소란을 감지하게 되면, 저절로 지켜봐주게 된다.

그러니 주택의 보안이 더 취약하다는 건 실질적인 방범의 취약 정도보다는 그저 심리적 불안일 수 있다고 본다. 이것을 누가 그렇게 조

성했는지는 모르겠다. 아파트는 폐쇄되어 있으나 주택은 오픈되어 있어, 오히려 오픈된 주택이 범죄에는 좀 더 안전할 수 있다. 아무것도 아닌 것 같아도 가로등이 있는 것과 없는 것의 차이는 크다. 심리적으로 범죄를 하려는 사람은 꺼리게 된다. 오픈되어서 다 보인다면 즉, 담장을 헐어 버리면 오히려 안전한 것과 비슷한 이치다. 단독주택도 아파트와 크게 다르지 않다. 그렇게 범죄에 취약하지 않다. 나는 그래서 크게 걱정하지 않는다. 집에 돈을 싸두지도 않았고, 귀금속도 없다. 다른 사람과 원수만 안지면 되니, 원수 될 일을 안 만들면 되는 것이다.

2) 문화생활

요즘 직장인이 문화생활을 할 틈이 있는지 모르겠다. 월급이 적다 보니 N잡러가 많아졌다. 외벌이로는 힘드니, 배우자도 직장생활을 하는 경우가 많다. 먹고 살기 힘드니 문화생활을 할 틈이 있을지 의구심이 든다. 대기업 직장인이든 중소기업 직장인이든 한 달에 얼마나 문화생활비로 지출할까? 연극, 공연, 영화, 각종 스포츠 생활 등등, 오히려 지방에 살면 각종 스포츠 시설이 더 잘 되어 있다. 인조 잔디 구장, 도서관 등등 지방이 대도시보다 더 잘 되어 있다.

지방 소도시에 산다고 문화생활 못하는 것이 아니다. 오히려 생활에 여유가 있으니 문화생활 플러스 전원생활도 할 수 있어 일거양득이다. 쇼핑이 문화생활이라고 말할 수는 없을 것이다. 쇼핑하기는 대도시가 편하다. 그러나 요즘 쇼핑도 거의 온라인으로, 심지어 스마트폰 하나로 거의 다 해결할 수 있다. 택배 시스템도 너무 잘 되어 있다. 쇼핑을 즐기는 사람은 어떤 특정한 업체를 이용하면 택배비까지 무료로 해주니, 손가락만 움직일 힘이 있으면 장소와 때를 구분하지 않고 쇼핑을 즐길 수 있다. 나는 도시 외곽으로 나와서 생활하니 오히려 심적으로 많은 여유가 생겼다.

문화생활이란 사전적 정의로 "문화의 가치를 음미하고 즐기는 생활"이라고 한다.

나는 특별히 즐기는 문화생활이라고 해봐야 집에서 TV 보거나 1년에 한 번 갈까 말까 한 영화관에 가서 영화를 즐기는 정도다. 콘서트, 연극, 별로 가본 적이 없다. 도시에 살면서 여유가 있는 직장인이 얼마나 되며, 꼬박꼬박 시간을 내서 콘서트를 보거나, 연극을 보거나, 오페라를 보거나, 영화관에 가는 사람들이 과연 얼마나 될까?

단독주택은 대형 스크린 설치도 가능하다. 스크린으로 영화를 보거나 콘서트를 보면, 도심의 영화관이 부럽지 않다. 실제 콘서트에 가서 구경하는 것과 크게 다르지 않다. 그래서 아파트나, 도시를 떠나 지방 소도시 단독주택에 산다고 해도 특별히 문화생활에 뒤처지지는 않다고 본다. 직장인이 도시에 산다고 해도 문화생활을 지방 소도시에 사는 사람보다 압도적으로 더 누리지는 못할 것이다.

경제적으로 여유가 있어야 문화생활을 하는 것이니, 살기 바쁘다면 어떻게 문화생활을 꿈꾼단 말인가? 그러나 단독주택에 살면 주거비용이 덜 들어가기 때문에 오히려 삶에 여유가 생겨 문화생활을 할 시간이 늘어나게 된다.

그러니 문화생활을 하지 못해 단독주택으로 못 간다는 것은 가지 않기 위한 핑계에 불과하다. 오히려 바쁜 직장인들 문화생활에서 스트레스 풀기보다는 전원생활, 자연생활을 하다 보면 자연적으로 스트레스가 풀리게 된다.

그리고 나는 문화생활 보다 자연을 즐기는 것이 더 좋다. 봄이 오면 집 마당에 상추 등 각종 채소 심고 키워 먹는 맛이 너무 좋다. 한두 평의 텃밭 공간만 있으면, 자연의 신비를 느끼기에 너무 좋다. 내가 키운 먹거리로 내 건강도 지키지만, 관찰하고 정을 주면 정을 주는 만큼 잘 자라고, 조그만 씨앗에서 나오는 생명의 신비감을 느끼다 보면 스트레스 쌓일 일이 별로 없다.

봄, 여름, 가을, 겨울 계절에 따라 변하는 땅의 모습, 나무들의 모습, 계절에 따라 피는 꽃들, 과일들, 모든 것들이 아름답다.

주택에 살면 할 일이 많다고 한다. 잔디 깎는 것도 힘들고, 벌레도 많고, 나는 지금까지 그런 걱정 없이 살고 있으니, 어떤 할 일이 많은지 의문이 간다. 만나는 사람마다 물어본다. 주택은 할 일이 많다고 하는데 힘들지 않느냐고? 실제로 살아보지 않고 누군가에 의해 들었는지 아니면 신문 기사에 나왔는지는 모르겠으나 대부분 만나는 사람이 물어 보는 말이다.

일이야 찾아서 하면 한도 끝도 없다. 그러나 주택에서 일하다 힘들면 쉬고, 옆집에서 막걸리 한잔하자고 하면 하던 일 멈추고 한잔하고, 오늘 못하면 내일하고, 하던 일 멈추고 며칠을 놔둬도 아무도 신경 쓰지 않고, 또한 표시도 나지 않는다.

어떤 사람은 잔디 깎는 것이 힘들지 않느냐고 물어본다. 얼마나 넓은 집에 살아서 잔디 깎는 것이 힘들다고 하나? 마당이 30평 이내라면 잔디는 10분 이내면 충분히 깎을 수 있다. 손으로 깎는 사람은 없을 것이다. 유선이면 유선, 무선이면 무선, 뭐든 엔진으로 돌아가는 기기로 하니 힘든 일이 별로 없다. 가격도 그리 부담되지 않는다. 무선 충전식 잔디 깎기는 비싸지만, 유선 잔디 깎기는 무선보다 매우 저렴하다. 요즘 시세로 15만 원 내외면 된다. 비싼 것 살 필요가 없다. 잔고장이 없는 것은 전기로 하는 잔디 깎기이다. 마당이 크지 않다면 유선 잔디 깎기가 최고의 가성비 제품이다.

벌레가 많다는 것은 역으로 생각하면 살기가 좋다는 말이다. 물론 모기는 나도 무척이나 싫어한다. 요즘 모기장이 잘 되어 있으니, 도시나 도시 외곽이나 비슷하다. 주변에 물웅덩이가 많다면 모기가 많을 가능성이 크다.

　너무 무균에 아이들을 길들이기보다는 적정하게 벌레도, 균도 노출시켜 주어야 한다. 그래야 오히려 아이들도 더 건강하고 튼튼하게 자란다.

3) 텃새

텃새

　텃새 없는 곳이 어디에 있겠는가?

　크고 작음의 차이는 있을 것이다. 텃새, 지역감정, 등등 우리가 사는 모든 곳에는 사실상 갈등이 있다.

　직장에서의 갈등, 지역에서의 갈등, 부부간의 갈등, 다른 나라와의 갈등 등. 모두 다 자기가 하기에 달렸다고 생각한다. 내가 특별히 아쉬울 게 없으면 텃새가 있어도 무시하면 된다. 내가 농사지으러 간 것도 아니고, 주택에 살면서 전원도 즐기고, 직장을 다니니 크게 아쉬울 일이 없다. 직장 다니기 위해 출퇴근하고 내 뜰에서 조그마한 텃밭을 하는데, 농기계를 빌릴 일도 없고, 요즘 수도가 다 설치되어서 들어오니, 동네 발전기금 같은 것도 필요 없다. 농사를 짓거나 생계형으로 이사 가면 아무래도 동네 사람들에게 의지하게 되니 그런 경우라면 텃새를 피하기 어려울지 모른다. 그렇지만, 여러 번 언급했듯이 내가 말하는 경우는 목적 자체가 다르다. 시골의 전원주택이 아닌 외곽지 단독주택이다.

도시 외곽의 출퇴근 가능한 단독주택으로 가는 것이다. 오랫동안 형성되어 있는 마을로 가는 게 아니라는 말이다. 그런 마을은 이미 다 노령화로 초토화가 되었다. 그런 마을은 일부러 찾아보기도 힘들다. 인구가 소멸해서 사람이 있다고 해도 거의 노인들이다.

도시 외곽 주택으로 가자. 출퇴근이 가능한 지역으로 도시의 전세 가격으로 얼마든지 주택을 구매할 수가 있다. 그런 지역은 거의 외지인들이라 사실상 텃새가 없다. 그러니 그런 텃새 걱정은 하지 않아도 된다. 같은 음식을 먹어도 뱀이 먹으면 독이 되고, 소가 먹으면 우유가 된다. 개인의 삶도 마찬가지다.

어떤 사람은 특정한 지역에 잘 적응해 살며 뿌리를 내리지만, 어떤 사람은 적응에 실패해 뿌리를 내리지 못하는 경우도 있다. 단독주택에 가지 않으려면 이유가 수백 가지도 넘을 것이다. 그러나 결국에는 누구나 직장을 그만두면, 또는 나이가 들면, 고층 아파트보다는 단독주택이 나는 편하다고 생각한다.

병원에서 멀리 떨어져 살아야 건강하게 오래 살 수 있다. 주택에 살면 필연적으로 아파트보다 많이 움직이게 된다. 당연한 이야기지만, 움직임이 많아지면 자연스럽게 운동이 되면서 건강해진다. 세계적인

장수 마을 중 하나인 오키나와 사람들의 생활상을 보면 알 수 있을
것이다.

장수 마을 중 하나인 오키나와 사람들의 생활상을 보면 알 수 있을
것이다.

2장. 도시 탈출의 방해 요소들

3장. 도시 탈출의 전제 조건

　대부분 직장은 도시에 있다. 도시 중에서도 서울이나 수도권에 몰려있다. 대부분 사람들은 지방으로 발령이 나면 가지 않으려고 할 것이다. 같은 회사에서 지방과 서울 중 선택권이 있다면 나는 지방이 더 좋은 기회라고 생각한다. 젊은 사람들은 아무래도 대도시에서 생활하고 싶겠지만, 역발상으로 생각하면 오히려 지방에서 삶의 질이 더 좋아질 수 있다고 본다. 아무래도 지방에 산다고 하면, 왠지 같은 친구들에 비해 뒤처지는 느낌은 있겠지만, 실상 더 알차게 삶을 살아갈 수도 있다. 이제는 사는 것도 가성비를 따져봐야 하지 않을까? 지방이라도 출퇴근이 가능한 외곽으로 생각한다면, 나는 주택으로 가는 것을 강권한다.

출퇴근이 가능한가

출퇴근

대도시 탈출이라고 하면, 사람들은 으레 귀농이나 귀촌을 떠올리지만, 나는 어디까지나 주거공간을 옮겨보자는 거다. 직장생활을 그만둔다거나 귀촌이나, 귀어를 말하는 게 결코 아니다. 그저 지금의 직장에서 출퇴근이 가능한 주택으로 탈출해보자는 거다. 단순히 도시 외곽 단독주택으로 주거지를 옮겨보자는 말이다.

도시 탈출의 전제 조건으로 맨 처음으로 생각할 것이 지역선정이다. 직장을 그만두고 나가는 것이 아니기 때문에 출퇴근 가능한 지역으로 정해야 한다. 대중교통 수단으로 출퇴근할 수 있다면 그것처럼 좋은 것이 없겠지만, 자가용으로 출퇴근 가능한 지역도 괜찮다고 생각한다. 또는 자가용과 대중교통의 혼합도 나쁘지 않다. 집에서 출발하여 대중교통이 가능한 역에 주차하고 환승한다면, 완전히 자가용으로 출퇴근하는 것보다 비용도 적게 들고 시간에 여유도 생길 것이다. 도시에 살아도 역 앞이 아니면 출퇴근 시간이 걸리는 것은 마찬가지다. 외곽 단독주택에 살면, 분명히 출퇴근 시간이나 비용은 증가할 것이다. 그러나 이런 비용은 도시에 집을 사는 비용과 비교해보면 터무니없이 저렴하다. 출퇴근 가능지역으로 선정을 하면, 은퇴 이후에 전원주택으로 전환하는 것도 무리가 없을 것이다.

젊은 사람들이 결혼을 하지 않는 이유 중 하나가 공동주택 가격이다. 가격이 높아도 너무 높기 때문이다. 모든 물가는 오르는데 내 월급은 제자리걸음이다. 청년 세대들은 치솟는 물가 덕에 결혼해서 처자식을 먹여 살릴 수 있을지 두려움부터 앞선다. 이런 분위기다보니 자연스럽게 결혼은 엄두조차 내지 못하고 있다. 30~34세 비혼 비율이 56%가 넘어간다고 하니 우리나라가 얼마나 심각한지 알 수 있다. 2019년 기사이니 지금은 그때보다 더 심각할 것이다.

30세 초반 남 56%·여 38% 미혼…이성교제 남 35세, 여 30세 이후 '뚝'
"경제형편이 연애에 영향 준다, 청년 생활안정 정책 필요"
국내 남성 미혼율은 25~29세의 경우 1995년 64%에서 2015년 90%로 급증했다. 같은 기간 30~34세(19%→56%), 35~39세(7%→33%), 40~44세(3%→23%) 연령층에서도 크게 올랐다.
여성 미혼율도 마찬가지다. 25~29세(30%→77%), 30~34세(7%→38%), 35~39세(3%→19%), 40~44세(2%→11%)에서 폭발적으로 증가했다.

출처 : 2019.01.08 연합뉴스

26일 경인지방통계청이 발표한 '2023 수도권 미혼인구 분석'에 따르면 2020년 수도권 청년층(20~49세)의 미혼율은 50.4%로 10년 전(39.8%)과 비교해 10.6%P 증가했다.
전국 시도 중 20~49세 청년의 미혼율이 가장 높은 곳은 서울(57.1%)이다.

출처 : 2023.10.26 NEWSIS

출퇴근 가능한 지역을 찾아야 한다. 찾아보면 얼마든지 있다. 문제는 대부분 젊은 사람들은 도시의 공동주택에 살려고 하지, 도시 외곽으로 절대 나가지 않으려고 한다는 점이다. 자동차를 보면 알 수가 있다. 외제차가 너무 많고, 소형차를 구경하기 힘들다. 그런 차가 필요한지 의문이고, 그런 차를 유지할 형편이 되는지도 의문이다.

도시에 살면 살수록 나는 금융 노예 탈출이 쉽지 않다고 생각한다. 빚의 노예로부터 탈출하기 위해 나는 도시 외곽으로 탈출을 했다.

한국의 부동산은 절대 일본처럼 되지 않는다고 한다. 그러나 아무도 알 수가 없다. 인구에서만 본다면 한국은 이미 침몰하고 있다고 한다.

부동산 대출을 받아서 집을 사고, 대부분의 노동 수입은 대출을 갚는 데 쓰고, 오르지 집값이 오르면 팔겠다는 생각뿐이다. 만약 수년에 걸쳐서 집 가격이 제자리걸음을 하고, 내가 은퇴할 때가 됐는데, 집도 팔리지 않고, 대출은 남아 있다고 하면 어떻게 될까? 생각만 해도 끔찍하다.

결론은 대출을 받지 않아야 한다. 받아도 최소한으로 받아야 한다. 아니, 같은 대출을 내더라도 만족감이나 삶의 질 향상이 전적으로 높아야 한다. 그래서 나는 도시의 공동주택을 떠났다. 도심의 전세가격으로 살 수 있는 도시 외곽의 주택이 답이라는 역발상으로.

대신 나머지 여력으로 비근로소득이 나오게 만드는 것에 집중했다. 어차피 직장인의 근로 소득은 한계가 있다. 언젠가는 은퇴해야 하고, 일하고 싶어도 몸이 말을 듣지 않아 결국 일을 하지 못할 때가 올 것이다. 그래서 살아가는 동안 내 의지와 관계없이 다음의 두 가지 중 하나를 택해야만 한다.

첫째는 내가 노동력이 살아있는 동안 돈이 돈을 버는 시스템을 구축하는 것이다. 둘째는 죽을 때까지 일하면서 살아가는 방법이다. 첫 번째 방법을 구축하는 것 중의 하나가 가장 비싼 주거비용을 줄여서 그 기회비용으로 돈이 돈을 버는 시스템을 구축해 두는 것이다. 내가 사는 공동주택이 내가 은퇴할 시점에 많이 올라서 그것을 팔아 노후에 생활하기에 충분하다고 하면, 그것처럼 좋은 것은 없을 것이다. 그러나 나는 앞으로는 그럴 가능성이 희박하다고 생각한다. 살을 빼는 방법은 누구나 다 안다. 너무 간단하다. 적게 먹고 운동하는 것이다. 부자가 되는 방법도 누구나 다 알 것이다. 적게 쓰고 저축하면 부자가 된다. 그러나 가장 중요한 것은 실천이다. 실천이 문제다.

행복100세 자산관리 강창희 대표의 칼럼에 의하면 이제 일본보다 우리나라가 주택 슬럼화가 더 문제가 될 것이라고 이야기하고 있다. 그 이유는 우리나라 주거 비율이 아파트가 높기 때문이다.

아파트의 슬럼화 문제는 일본보다 우리나라가 더 걱정이다. 일본 전체 주택 중 철근·콘크리트로 지은 대규모 아파트 비율은 10% 정도에 지나지 않는다. 이와 달리 우리나라 전체 주택 중 아파트의 비율은 63%에 이른다. 아파트에 살려는 사람이 많은 만큼 이 비율은 앞으로도 더 늘어날 것으로 예상된다. 지방 도시를 지나면서 벌판에 고층 아파트가 서 있는 걸

보면 10년, 20년 후에 우리 손주들이 그걸 처리하는 문제로 얼마나 고생할까 걱정이 된다.

출처:2023.05.24 아시아 경제

우리나라 자산의 78%가 부동산이고 금융자산이 22%라고 한다. 자산의 대부분은 부동산이라고 생각하면 된다. 그러니 부동산이 장기 불황으로 이어지면 은퇴 후의 삶은 처참할 수밖에 없다.

은퇴가 다가올수록 선진국처럼 부동산 비율보다는 금융자산 비율을 높여야 한다. 현금흐름을 풍부하게 만들어야 한다. 아파트를 벗어나는 것은 빚에서 탈출하는 것이기도 하다. 빚에서 탈출은 비근로소득을 만들면서 금융자산 비율을 높이는 것이다.

나는 헬렌과 닐 스코링의 『조화로운 삶』에서 해답을 찾았다. 나의 삶의 방향이 그 사람 생각과 비슷했기에 그런 삶을 원했는지 모른다.

뉴욕에서 탈출해 시골에 갔고, 자기 먹거리는 자기가 직접 농사지어 먹었다. 그러면서 동물은 키우지 않았지만, 집은 또 직접 손수 지어서 살았다. 그렇게 부지런히 움직이면서 살아서였는지 평생 병원에 가지 않고 살았다. 채식, 자급자족, 병원에서 멀리 떨어져 살면서도 100세 이상 살았다. 그것이 무려 1930년대의 삶이었으니 얼마나 오래 산 것인가?

나는 그런 삶의 중간쯤이라고 생각한다. 출퇴근 가능한 도시 외곽 주택에 살면서 소비와 생산을 동시에 하면 도시보다는 조화로운 삶이 되지 않을까 생각한다. 오로지 소비만 하면 현대판 노예와 다를 바가 없어진다. 소비의 문화에서 탈피해야 생산과 소비를 하면서 조화로운 삶을 살아가는 게 가능하다.

　귀농이나 귀어가 아니다. 대중과 조금 떨어져서 생각하면 오히려 보이지 않았던 것이 보이지 않을까?

　도시의 공동주택에 살면 주변의 지인들과 간단하게 식사나 외식을 하더라도 많은 돈이 들어간다. 빚을 지지 않고 살아갈 수가 없다. 나는 지인들과 만남을 외식 대신 나의 마당에서 해결한다. 지인들과 바비큐와 술을 곁들인 간단한 식사로 대체되니 외식비의 부담이 줄어든다. 모든 사람이 도시화로 집중할 때 나는 반대로 도시에서 떨어진 출퇴근이 가능한 주택으로 가는 것이다. 출퇴근 가능한 지역이라고 하면 도시 탈출은 의미 있는 결정이 될 수가 있다.

가족의 동의

아마 가장 힘든 부분일 것이다. 나도 나의 아내한테 이해를 구하는 데 3년이 걸렸다. 그때 당시 아이들은 고등학생, 중학생이었다. 아이가 고등학생, 중학생이었는데 도시 외곽 단독주택으로 옮기는 것은 사실상 쉬운 결정이 아니었다. 그때 당시 나는 단독주택에 살고 싶은 욕망에 사로잡혀 있었다. 당시에는 솔직히 지금처럼 생각이 명확한 것도 아니었다. 그러나 지금 와서 생각하니 그때 결심을 잘했다고 생각한다.

2020, 21년 아파트값이 한창 하늘 높은 줄 모르고 뛸 때 나의 배우자도 마음이 흔들렸었고, 나도 흔들렸다. 그러나 지금 거품이 걷히며 붕괴되는 것을 보니 잘 떠나왔다고 생각한다. 아이들이야 결정권이 있는 것이 아니기 때문에 배우자 동의가 핵심이 된다. 사실상 가장 힘든 부분이다. 한국뿐만 아니라, 다른 나라 사람들도 대부분 남자는 단독주택을 꿈꿀 것이다. 그러나 여건이 맞지 않으니 공동주택 아파트에 산다. 전 세계를 돌아다녀 보면 유독 우리나라만 공동주택이 많다. 혹자는 땅이 좁아서 그렇다고 하는데 나는 땅이 절대 좁지는 않다고 생각한다.

가지 못하는 이유를 꼽으라고 하면 한도 끝도 없을 것이다. 결혼 초 아이를 낳고, 내 자식 교육 잘 시켜서, 내 한을 풀려고 하는 사람들이 많을 것이다. 그러나 잘 풀려야 월급 333만 원보다 많이 받는 직장인이 되는 것이다.

지금 나의 자식 세대들은 직장 구하기도 힘들 것이고, 구하더라도 고액의 연봉자가 되는 건 지금보다 훨씬 더 어려워져 있을 것이다. 설사 서울에 있는 대학을 나와도 이런 문제들이 쉽게 해결되지는 않을 것이란 이야기다.

그리고 많은 직장인이 50세 이전에 나오거나, 50세 이후에도 직장 생활을 하다가 60세에 은퇴하든가 둘 중의 하나다. 또 연봉이 높다고 노후를 보장해주지도 않는다. 나도 한때는 빚에 허덕이고 마이너스 통장에서 벗어나지 못하고 살아왔다. 도시 외곽 단독 주택 생활을 하다 보니 경제적으로 여유가 생겼다.

내가 살아온 것보다 내 아이를 좀 더 윤택하게 살아가게 하려면 학교 교육보다는 나는 돈 공부가 먼저라고 생각한다. 항상 돈 공부를 해야 한다. 돈이 목적이 될 수는 없지만 살아가는데 있어 중요한 수단이다. 돈은 망치다. 망치가 없으면 나무에 못을 박을 때 어렵다. 옷을 사고, 음식을 먹고, 그렇게 살아가는 수단으로 돈이 필요하다. 결국 최종적으로 취업이 잘 되는 대학으로 가서 한국의 평균 직장인보다 더 많은 돈을 벌기 위해서 그렇게 교육에 힘쓰는 것이 아닌가?

가지 못하는 이유 중 하나가 아이들 교육일 텐데 과연 아이들도 나와 똑같은 전철을 밟게 할 것인가 생각해야 한다. 다람쥐 쳇바퀴 돌듯이 직장생활 50세 전후 퇴직해서 은퇴 걱정하고 노후 걱정하고 살 것인가? 아니면 지방으로 가서 주거가 저렴한 곳에 살 것인가? 지방에서도 공부하고 싶으면 인터넷으로 얼마든지 공부할 수 있는 세상이다. 그리고 대학도 이젠 가치가 변하고 있다. 대학을 꼭 서울에 있는 대학만 갈 필요가 있을까? 돈이 있다면 굳이 대학을 갈 필요가 있을까? 장사나 사업을 할 생각이라면, 더욱더 대학 진학이 불필요하다.

배우자는 평생을 같이 살아가야 한다. 아이들은 잠시 성인이 될 때까지 같이 사는 것이지만, 배우자는 다르다. 평생이다. 배우자의 이해가 없다면 절대 떠나면 안 된다. 그러니 배우자의 이해가 가장 중요하다.

귀촌, 귀어라고 하면 아마 배우자들이 기절할 것이다. 계속 직장을 다니면서 주거비용이 저렴하고, 소비와 생산을 할 수 있는 곳으로 간다고 하면, 그렇게 반대만 하지는 않을 것이다. 그리고 소비를 줄이고, 그 줄인 돈으로 노동수입 단절에 대비하는 것이다. 이것이 비근로소득이 나오게 하는 시스템을 구축하는 과정이다.

내가 잠자는 동안 돈을 버는 시스템을 만들어 놓지 못한다면 어쩌면 평생 일을 해야 할 수도 있다. 마강래『베이비부머가 떠나야 모두가 산다.』 책을 보면 65세 은퇴 가정하고 상위, 중위, 하위 그룹으로 나눠서 국민연금, 금융소득, 기초연금을 통해 어느 정도 노후 생활비를 확보할 수 있는지 분석했다.

물은 생명이다

그 결과는 충격적이었다. 대한민국 예비은퇴자들의 평균적으로 생각하는 적정생활비가 243만 원, 최소생활비가 176만 원 정도라고 하는데, 상위그룹이 은퇴 후 확보할 수 있는 월 소득이 평균적으로 136만 원에 불과하다고 한다. 부동산으로 재미를 본 세대가 베이비부머다. 그래서 이들이 가지고 있는 부동산은 잘 나오지 않는다. 강남에 100억짜리 빌딩이 있어도 건물 일부 공실에 은행 이자가 나가고 현금 흐름이 없다고 하면 100억대 거지가 될 수 있다.

요즘 자영업자들 얼마나 힘든가? 코로나 영향으로도 충분히 힘들 었는데, 대출금리가 이렇게 높아질 줄 누가 상상을 했겠는가? 중산층 평범한 직장인들은 쓸 돈이 있어야 외식도 하고 소비를 할 텐데, 요즘 은 대출금을 갚고 나면 소비할 돈이 있는지 모르겠다. 내 수입의 대부 분을 은행에게 갖다 바치고 있는 건 아닌지 생각해 봐야 한다.

갭투자, 영끌, 역전세, 역월세, 전세 사기, 거의 다 공동주택에 관한 이야기다. 금융 지식을 알 리가 없으니 오르지 공동주택을 통한 재산 불리기를 한 것이 지금은 어마어마한 피해로 되돌아오고 있는 것이다.

이십 대, 삼십 대들이 집을 산다는 게 베이비붐 세대에게는 드문 경 우였다. 그러나 지금은 빚으로 빚을 끌어다 산다고 하니 모래성 위에 지은 집이 아닌지 생각해 봐야 한다. 전세를 살고 있다고 하면, 전세 가격으로도 충분히 도시를 떠나 단독주택을 구매할 수가 있다. 만약 아파트를 보유하고 있는 사람이라면, 처분하는 것으로 주택을 사고도 남을 돈이 생길 수도 있다. 그러나 아파트가 계속 오른다고 하니 팔 고 주택으로 나오는 사람이 없다. 그러나 난 역발상으로 아파트를 처 분하고, 단독주택으로 나왔다. 한동안 아파트가 많이 오를 때는, 나의 배우자도 배가 많이 아팠다. 사람이라면 누구나 그런 감정이 든다. 그 건 어쩔 수가 없다. 나도 배가 아팠다. 그렇지만, 내 계획을 멈추지는 않았다. 아파트가 오르락내리락할 때, 나는 열심히 절약했고, 아낀 돈 으로 돈이 돈을 버는 시스템을 차근차근 만들어가고 있었다.

　이러한 것들을 배우자 또는 자녀들에게 인식을 시켜주고 이해를 시
켜줘야 한다. 배우자나 가족의 동의 없이는 절대 떠날 수 없다. 나만
좋다고 떠날 수는 없다는 말이다. 결국 인생의 목적이 행복한 삶에 있
다고 하면, 행복한 삶에 돈은 필수적이며, 빚에서 벗어나는 길은 내
수입보다 과도한 부동산을 사지 않는 것에서부터 시작한다. 결국 무
리하게 빚을 내어서 사면, 빚에서 벗어나기는 힘들 수밖에 없다.

샘물을 파고 간다면

물은 사람에게나 동물에게나 필수다. 없으면 살 수가 없다. 지구에서 생명체가 살아가기 위해서는 반드시 있어야 한다. 필수조건이다. 그러니 살기 좋은 조건 중 하나가 바로 물에 대한 접근성이다. 마르지 않는 샘물이 있는 곳이 살기 좋은 지역이다. 예전에는 집집마다 크고 작은 우물을 두었다. 그리고 마을에 서너 개의 공동우물도 있었다.

물은 여러모로 아주 소중하다. 마시고, 씻고, 음식을 만들고, 방을 데우고, 배설물도 물에 흘려버린다. 그러니 과거에는 집에 마르지 않는 우물이 있다고 하면, 살아가는 데 있어 가장 중요한 것 중 하나를 해결한 것과 같은 이치였다. 그럼, 요즘은 어떨까? 아파트에서는 물 걱정을 따로 할 필요는 없다. 대신 소비 위주의 도심 생활을 영위하기 위해서는 돈 걱정을 해야 한다. 현대인들에게 돈은 물과 같다. 자급자족이 아닌 소비로 유지되는 자본주의 생활 방식을 유지하기 위해서는 반드시 돈이 있어야만 한다.

그렇다. 이제는 돈이 없으면 죽는다. 특히 공동주택에서의 삶은 돈이 없으면 살아 있어도 살아 있는 것이 아니다. 전기, 수도 사용료를 내지 않으면 다 끊긴다. 생존할 수가 없다. 그렇다고 돈 자체가 목적이 되어서는 곤란하다. 맹목적으로 돈만 좇는다고 돈이 담기지도 않는다. 오히려 정서적으로 위태로워질 수도 있다. 그러니 어디까지나 행복한 삶을 영위하기 위한 수단으로 있어야 한다.

　문제는 젊은 날에는 일을 해서 필요한 돈을 벌 수 있지만, 나이를 먹고 은퇴를 하게 되면, 그게 목적이든, 수단이든, 돈을 벌기가 쉽지 않다는 거다. 이걸 고쳐 말하면, 마르지 않는 우물처럼 내 몸이 일하지 않더라도 한쪽에서 끊임없이 나오는 돈줄이 있다면, 모든 문제가 쉽게 해결될 수가 있다는 것이다. 아파트든, 주택이든, 어디든 내키는 대로 가서 살 수 있다.

　요컨대 내 몸이 하루라도 더 젊고 튼튼할 때, 미리 서둘러서 평생 마르지 않는 샘물을 파둬야 한다는 말이다.

　방법은 단순하다. 만약 당신이 도시에 집이 있다면, 그걸 정리하면 된다. 정리하고 외곽으로 떠나면 그만이다. 외곽에 집을 사고 남은 돈으로 어느 정도 기반을 마련할 수가 있다. 도시의 집이 자가이든, 전세이든, 정리하고 빚을 줄인다면 마르지 않는 샘물을 파기가 수월해질 것이다.

　그리고 빠른 준비로 도시를 떠나기 전에 대한민국 평균 직장인 월소득 333만 원을(2021년 기준) 이미 비근로소득으로 만들게 되었다면, 그것처럼 좋은 일이 없을 것이다.

통계청 28일 발표한 '2021년 임금근로일자리 소득(보수) 결과'에 따르면 지난 2021년 12월 임금근로자의 평균 소득은 333만원으로 1년 전보다 4.1%(13만원) 증가했다.

출처: 2023.02.28 NEWSIS

　사회 초년생은 직장 근처 원룸이나 오피스텔에 사는 것이 여러 가지 면에서 유리하겠지만, 결혼하고 50대의 직장인이라고 하면 대부분 융자 포함된 자가가 있을 것이다. 나는 그들에게 권하고 있는 것이다. 만약 살고 있는 집을 처분하고 출퇴근 가능한 단독주택으로 이사를 한다면 어떻게 될까? 아마 지금의 나처럼 빚도 없어지고, 집을 사고 나서도 조금의 여웃돈이 생기게 될 것이다. 그럼, 그 여웃돈으로 마르지 않는 자신만의 샘물을 파면 된다. 단순하지 않은가? 어렵지 않다. 만약 정리를 하고 나서 당장 현금이 없더라도 문제 될 것은 없다. 기존의 집을 팔고 이사해서 빚이 없어졌다면, 그걸로 이미 되었다는 말이다. 그간 빚 갚던 비용을 그대로 저축만 해도 저절로 삶에 여유가 생길 테니까.

그렇게 이전까지는 은행에 이자를 지불하기만 했지만, 이후부터는 납입하던 이자로 배당이나 이자를 받는 금융 상품을 꾸려나가면 된다. 그렇게 전환만 해도 은행 이자를 꼬박꼬박 납입할 때보다 한층 더 여유로운 삶이 될 것이다. 이게 평생 마르지 않는 샘물을 파는 방법이다.

우리나라 사람은 유독 부동산에 대한 애착심이 강하다. 그 이유는 베이비붐세대가 부동산으로 재미를 많이 봐서다. 베이비붐세대 들은 아파트분양만 받으면 로또나 마찬가지였었으니 그 열기는 아직도 식지 않는다. 그래서 선뜻 공동주택의 대표 격인 아파트를 떠나기 힘들다. 도시 탈출 방해에서 이야기했듯이 이제는 공동주택의 자산 가치도 다시 생각해 봐야 한다.

김승호 회장의 『돈의 속성』을 보면,

삼성전자는 2020년 1월경, 6만 원대에 접근한 적이 있다. 삼성전자 상장 직후인 1975년6월12일 수정주가 56원이었던 것과 비교하면 1,063배 오른 것이다.

〈이데일리〉가 마켓포인트에 인용한 기사에 따르면 당시 은마아파트 분양 대금을 치를 돈 2,400만 원으로 삼성전자를 샀다면 지금 192억9,730만

원으로 불었을 거란 계산이 나온다. 여기에 배당액 재투자는 포함하지 않
았으니 200억 원이 훌쩍 넘을 것이다.

출처:『돈의 속성』中에서

부동산과 비교가 되지 않는다. 그러나 은마아파트를 분양받아서
지금까지 보유하고 있는 사람이 어디 있으며, 그때 삼성전자를 사서
아직도 보유하고 있는 사람은 이재용 가족 외에는 아무도 없다. 그러
나 아직도 많은 사람들이 생각하기에는 주식보다는 부동산이 더 수익
률이 높다고 생각한다.

노후의 안정된 삶을 누리려면 선진국처럼 부동산보다는 현금성 자
산을 늘려야 한다. 부동산은 내가 사는 집 한 채면 충분하고, 그것도
공동주택보다는 단독주택이 삶을 집중하는데 더 좋다고 생각한다. 만
약 월세형 부동산을 투자한다고 하면, 개인이 직접 투자하는 것보다
간접투자방식으로 하는 것이 스트레스가 덜할 것이다. 월세형 부동산
의 경우 이미 선진국은 거의 대부분 간접투자 방식으로 넘어갔다. 개
인이 월세형 부동산을 투자해서 관리하는 것은 이제 쉽지 않을 것이다.

빚 없이 내 집이 있고 안정적으로 직장을 다니면서 월급이 들어온
다면, 이제는 마르지 않는 샘물을 파야할 차례다. 누구나 노동 수입은
한계가 있다. 누구에게나 직장의 정년은 정해져 있다. 그러니 내가 일
하지 않아도 돈이 내 일을 대신하게끔 해야 한다. 이것이 바로 비근로
소득의 핵심이다.

김승호 회장의『돈의 속성』책을 보면, 한국에서 부자란, 첫째가 빚
없이 내 집이 있는 것이고, 두 번째가 매월 비근로소득으로 541만 원
이 들어오는 것이고, 세 번째가 돈에 대한 욕심이 없는 것이라고 이야
기했다.

94

두 번째 항목으로 매월 541만 원이 비근로소득으로 나오게 하는 것이 아마 제일 힘든 부분일 것이다. 대기업 평균 임금을 비근로소득으로 만들기는 쉽지 않다. 그러나 아마 어떤 사람들은 서울에 마련한 아파트만 정리해도 그 목표에 쉽게 도달할 수 있을 것이다.

매월 541만 원이 나오게 하려면, 단순계산으로 연 10%이율로 계산했을 때 약 6억 5천만 원이 있으면 된다. 연 5%의 이율이라고 하면, 약 13억 원이 있으면 된다. 그러면 김승호 회장이 이야기하는 한국에서 부자가 되는 것이다. 그런데 이 기준을 바꿔서 매월 비근로소득으로 직장인 평균인 333만 원으로 목표로 한다면 어떨까?

똑같이 단순계산으로 연 10%의 이자나 배당을 받는다고 가정하면, 훨씬 못 미치는 4억이면 충분하다는 결론이 나온다. 아주 현실적인 금액이다. 도시에 집이 있는 사람은 정리하고 외곽의 주택으로 가는 것만으로 계획의 윤곽을 다듬을 수 있는 금액인 것이다. 거기에 더해 빚을 갈무리 할 수 있다면, 도시를 떠나 바로 연 10%짜리 금융 상품을 찾아 꾸준히 투자만 하면 된다.

금융상품을 찾다 보면, 5%~10% 이상 되는 금융 상품들이 많이 있다. 특히 미국 리츠나 월 배당 ETF들 보면 배당을 많이 주는 금융 상품들이 있다. 물론 배당을 많이 주면서 주가도 내려가지 않는다고 하면 금상첨화겠지만, 그런 금융상품을 찾으면 찾아질 것이다.

요즘 미국 주식 투자자가 많으니 미국 주식에서 월 배당 조건으로 검색해 보면 의외로 월 배당으로 연 10% 이상 배당을 주는 ETF의 정보가 많이 있다. 주가야 오르락내리락하더라도 배당금만 떨어지지 않고 일정하게 준다고 하면 깊이 고려해볼 만하다. 이것에 관한 것은 내가 쓴 블로그 '도시 탈출 전제 조건 2'에 자세히 나와 있다.

관련 링크 주소
https://blog.naver.com/dokdokim/222855761599

나는 지붕에 태양광을 설치했다. 그리고 난방과 온수는 심야전기로 한다. 봄부터 가을까지 전기세는 3만 원 내외가 나가며, 오수처리 비용은 일 년에 4만 원에서 5만 원 정도 된다. 지금은 오수처리관이 연결돼서 수도비와 연관되어 나가지만, 이것도 계산해 보면, 오수처리 비용은 1년에 만 원 정도 더 내는 꼴이 된다. 합리적인 비용이다. 어차피 1년에 한 번씩은 오물 처리를 해야 하니까. 그렇게 수도 비용이 대략 15,000원 내외로 나간다. 그리고 겨울에 난방비로 30만 원 정도 나간다. 고정적으로 나가는 비용은 아파트보다 더 저렴하며, 출퇴근 비용은 반대로 더 나간다. 그러나 비싼 아파트 비용을 지불하고 대출이자 나가는 기회비용을 생각하면 전반적인 생활 유지비용 면에서 훨씬 더 저렴할 것이다.

한국의 가계 자산 비율을 보면 부동산이 73%가 넘고 금융자산 비율이 30%가 되지 않는다고 한다. 그리고 50대 이상 가구당 평균 자산에서 부채를 빼면 현금자산은 6,126만 원이 남는다고 한다.

관련 블로그 링크 주소
https://blog.naver.com/esterseo/222844114487

6,126만 원으로 은퇴 후 30년 이상 살아야 한다는 것이다. 물론 평균의 함정도 있다. 노후 준비가 잘 된 사람도 있을 것이고 그렇지 못한 사람도 있을 것이다. 그러나 미국이나 일본과는 다르게 우리나라는 부동산 비율이 지나치게 높다. 노후에 내가 사는 아파트가 자산의

전부라면 답이 없다. 아파트 벽돌을 하나씩 빼서 그걸 팔아 먹고 살수는 없기 때문이다. 결국 노동력에 의존하거나 국민연금, 또는 개인연금으로 살아갈 수밖에 없다. 조상으로부터 물려받는 땅이 100억대라도 당장 쓸 현금이 없으면 무용지물이다. 목구멍이 포도청인 사람에게 땅이나 건물이 다 무슨 소용인가? 당장 쓸 수 있어야 가치도 있는 법이다.

아파트 처분 결심은 결코 쉽지 않을 것이다. 부동산 불패 신화가 뿌리 깊게 박힌 우리나라에서는 힘들다. 그러나 일본을 보자. 70%의 부동산을 30%로 낮추고 그 여력으로 금융자산을 늘리면 삶에 반전이 찾아온다. 도시 아파트에 살면서 매월 비근로소득으로 333만 원이 나오게 하기는 쉽지 않을 것이다. 생활 유지를 위해 대출이 없는 사람이 거의 없을 것이다. 그 상태로는 월급을 타봤자, 타는 즉시 공중분해가 된다. 자신의 월급이 어디로 갔는지 당사자조차도 모른다.

나는 도시 탈출로 매월 고정지출 비용을 줄일 수 있다고 믿었다. 도심의 아파트를 포기하는 것만으로 대출받은 것을 없애거나 줄일 수 있으니까. 그 비용으로 금융자산을 늘리자고 생각했다. 큰 부자는 되지 않더라도 100세 시대를 살아가는 데 지장이 없고, 내 자식들도 내가 하는 방법을 배우고, 학교 공부도 좋지만 돈 공부를 한다고 하면, 적어도 나보다는 더 금전적으로 나은 윤택한 삶을 살 수 있으리라.

대도시에서 살면서 학군이 좋은 곳에서 학원을 보내 서울에 있는 대학을 보내는 것이 꼭 정답은 아니라고 생각한다. 학원 보낼 돈이 있으면, 그 돈을 절약해서 아이들한테 주식을 사주라고, 존 리 『엄마 주식 사주세요』의 저자가 이야기하는 것처럼 자연스럽게 돈 공부도 하면 아이들은 자산가가 될 수도 있을 것이다.

4장. 내가 몰랐던 것들

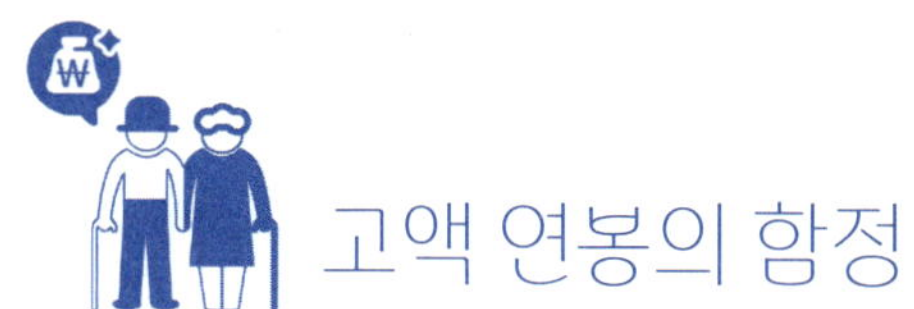

2023년 기준으로 대기업의 평균 연봉이 1억이 넘는 기업이 35개라고 한다. 대기업 다니며 나이 50대가 넘었으면, 연봉이 거의 1억이 넘는다고 보면 될 것 같다. 연봉 1억은 결코 적은 금액이 아니다. 사회 초년생들에겐 꿈의 액수이지만 대기업 중견 이상은 대부분 거의 연봉 1억이 넘을 것이다.

출처 : 네이버 연봉계산기

연봉을 1억을 받았을 때 실수령 금액이 얼마나 될까? 인터넷으로 검색해서 한번 계산해 봤다.

본인 포함 4명으로 20세 이하 자녀를 2명으로 계산하면 매월 658만 원 정도 받게 된다. 많은 금액이다. 그러나 아마 많은 사람이 받는 즉시 공중분해가 될 것이다. 학원비, 대출금 이자, 자동차 할부금 카드 비용 등으로 받아도 적게 느껴지는 사람들이 많을 것이다.

공제액

분류구분	보상항목	발생년월	금액
	소득세(근로)	2023-10	7,014,360
	주민세(근로)	2023-10	701,430
	국민연금보험료(본인분)	2023-10	265,500
	건강보험료(본인분)	2023-10	804,310

급여명세서 소득공제액

연봉이 1억5천만 원 초과 3억 이하인 경우는 소득세가 38%가 된다. 그러나 느낌은 50% 이상 되는 것 같은 느낌이다.

나도 직장인으로 연봉 1억 원은 넘어간다. 연봉은 높은데 항상 월급을 받으면 받자마자 공중분해 되고 남는 것이 없으며 항상 마이너스 생활이었다. 뭔가 특별한 대책이 필요했다. 이러다간 노후 보장도 되지 않고 삶이 엉망진창 되는 기분이었다. 흙수저로 태어났으니 연봉을 많이 받아도 받는 즉시 공중분해가 된다. 집 구매한 비용 때문에 그 이자를 내야 하는 부분이 가장 많이 들어갔다. 아무리 연봉이 높아도 요즘은 월급을 모아 집을 살 수가 없는 구조가 되다 보니 정서적 박탈감이 들기도 했다.

서울에 10억짜리 집을 산다고 하면 부모한테 도움을 받아야만 한다. 받지 않는다면, 절대 자기 월급만으로 모아 살 수가 없으니 반드시 대출을 받아야 한다. 절반은 대출을 받고 절반은 돈을 모아서 산다고 해도 5억을 모으려면 매월 500만 원씩 거의 10년을 모아야 한다. 그마저도 대출을 받아 겨우 집을 사는 것이다. 그런데 과연 매월 500만 원씩 저축이 가능한 직장인이 얼마나 될까? 연봉이 1억이 넘는 사람들이 658만 원에서 500만 원 저축하면 190만 원이 남는데 그것으로 생활할 수 있는 사람은 없을 것이다. 아이들 교육비, 기본 생활비는 다 어떻게 할 것인가? 그러니 현실적으로 대출은 필수가 된 것이다. 월급만으로는 답이 없으니까.

연봉이 2억이 넘는 사람의 퇴직금이 얼마나 나올까? 30년 근무했을 경우 5억 원이 조금 넘을 것이다. 만약 금융자산이 없다고 하면 또한 지금 사는 집에 대출이 있다고 하면 대출금 갚고 나면 퇴직금이 얼마나 남을까? 빚이 있다면 퇴직금도 다 없어져 버리는 것이다. 그럼 남은 것은 국민연금밖에 없을 것이다.

국민연금을 매월 200만 원 이상 받는 사람이 전체 10%밖에 되지 않는다고 한다. 국민연금도 고갈에 대비해서 앞으로는 많이 내고, 적게 받고 늦게 받는 것으로 아마 개편이 될 것이다. 국민연금으로 200만 원을 받고, 살고 있는 집을 주택연금으로 전환시켜 받는다면, 노후에 살아가는데 크게 문제는 없을 것이다. 그러나 주택연금을 신청하는 시점에서 주택가격이 하락하게 된다면 문제가 될 수 있다.

고액연봉자가 되면 자연스럽게 소비도 증가하게 된다. 고신용자가 되면 은행의 마이너스 통장 한도도 늘어나게 되니 소비가 증가하여 월급도 받고 마이너스 통장을 만드는 순간 그 통장을 어떤 용도로든 활용하게 된다. 그 활용도가 투자보다는 소비로 이어질 가능성이 크다.

고액 연봉이라고 해도 미리 준비하지 않으면 은퇴 후의 삶이 비참

해질 수 있다. 누구나 노동 수입은 한계가 있다. 누구나 정년을 맞이해야 한다. 그 이후에 돈이 없다면 계속 일을 해야 하지만, 돈이 돈을 버는 시스템을 구축한 사람은 어느 정도 여유 있게 살아갈 것이다.

문제는 고액연봉자라고 해도 소비를 줄이지 않거나, 집 문제, 아이들 교육 문제에서 벗어날 수 없다고 하면 고액연봉자도 살아가기가 결코 쉽지 않다는 거다. 그러니 직장인 고액 연봉자라고 해도 모두가 안정적인 은퇴를 준비하지는 못한다.

그런 상황이다 보니 준비를 하지 않은 사람들은 퇴직금만 가지고 살아가기가 힘들 수밖에 없다.

대출을 받아 집을 산 고액연봉자라고 해도 살아보니 생활비와 아이들 교육비를 지출하고 나면 항상 마이너스 인생이었다. 그게 다가 아니다. 신용융자까지 쓰고 있으니 연봉이 높다고 해서 절대 노후가 보장되지 않았다.

소비를 줄이고 또한 집에 대한 관념을 바꾸고, 아이들 교육에 대한 관점을 바꾸지 않으면 내 아이들이 대기업에 들어가 고액 연봉을 받는다고 해도 지금의 나와 같은 생활에서 벗어나지 못할 것이 자명했다.

인플레이션으로 모든 물가가 올랐다. 특히 아파트가 너무 많이 올랐다. 그리고 이제는 굳이 아파트를 구입할 필요가 없어졌다. 아파트가 넘쳐나니 나는 내 아이들에게는 가능하면 적극적으로 월세를 권할 생각이다. 앞으로 빈 아파트가 늘면 상대적으로 월세가 주거비용으로는 저렴해질 수 있으니 말이다. 집 사는 데 보태 줄 돈도 없지만, 지금은 전세 사기도 많다. 집 가격이 안정될 때까지는 이사를 자주 다니는 불편함이 있더라도 아이들이 태어나 학교 다니기 전까지는 월세를 사는 것도 좋은 방법이라 생각한다.

집을 살 돈이 있다고 하면 집을 사겠지만, 없다고 하면 월세나 전세를 살아야 한다. 빚을 내서라도 집을 사는 이유는 주변의 눈치와 잦은 이사 때문이다. 그러나 어느 정도까지 그런 불편함을 감내한다면, 오히려 마음이 홀가분해질 수도 있다. 빚의 함정에 빠지는 것에 비한다면 말이다.

연봉이 높아지면 높아질수록 세금도 덩달아 늘어나고 또한 소비도 늘어나게 되어 있다. 연봉이 적은 것보다 많은 것이 좋지만 연봉 2억이 넘어도 경제적 자유로 이어지지는 않는다.

소득세가 연 1억 5,000만 원에서 3억까지는 38%이고, 3억이 넘어가면 세금만 40%가 된다. 유리 지갑인 직장인들은 아무리 연봉을 많이 받아도 세금으로 나가는 돈이 많아서 경제적 자유로 이어지지는 않는다.

그럼, 연봉 2억이 넘어가는 사람은 과연 얼마나 저축하고, 얼마나 여유롭게 생활할 수 있을까? 기대와 달리 대도시에 산다고 하면 절대 여유로울 수 없다. 연봉이 아무리 높아도 근로소득은 언젠가는 절벽이 된다. 이건 피할 수가 없다. 물론, 직장인이라면 퇴직금이나 퇴직연금이 있다. 연봉 2억인 사람이 30대부터 60세까지 일하고, 30년 근무를 가정하고 퇴직금을 계산해 보면 세금들을 제외하고 대략 실제 수령 금액이 5억 선이 될 것이다.

5억이라면 당장 커보여도 여전히 대출금이 있다면 이야기가 달라진다. 퇴직할 때 빚이 있고 모아놓은 돈이 없다면, 퇴직금과 국민연금으로 살아가야 한다. 고액연봉자라도 별도로 퇴직 준비를 하지 않으면 힘들 수밖에 없다는 거다.

다행히 나는 주거비용이 저렴한 지역으로 옮겨와 조금씩 희망이 보이기 시작했다. 맘 먹고 절약하고 주거비용을 줄여 그 기회비용으로 투자를 하니 훨씬 여유롭다. 근로소득을 비근로소득으로 전환하는 과정이 시작되었으며, 근로소득이 절벽이 되어도 수돗물이 끊이지 않을 수도꼭지를 여럿 만들고 있어 두렵지가 않다.

　직장인으로서 고액연봉자라고 하면 은퇴 준비가 상대적으로 급여를 적게 받는 사람들보다는 쉬울 것이다. 그러나 준비되어 있지 않다면 결코 쉽지 않다. 다행히 내가 도시에 살고 있는 아파트가 가격이 많이 올라 처분할 수 있다면, 그리고 노후에 그 돈으로 도시 외곽 저렴한 지역에 집을 사고 남은 돈으로 은퇴 생활을 할 수 있다면, 그보다 좋을 수는 없을 것이다. 문제는 우리 모두에게 그런 기회가 공평하게 돌아올 수 없음에도 모두가 똑같은 형태의 꿈을 꾸고 있다는 거다. 나는 그걸 아파트 중독이라고 부른다.

　과연 아파트에 중독된 사람이 살고 있는 집을 팔고 외곽의 저렴한 지역으로 갈 가능성이 얼마나 될까? 안타깝지만, 별로 없을 것이다.

빚의 무서움

신용카드

백정선, 김의수 공저 『앞으로 5년 빚 없는 사람만이 살아남는다.』 2017년에 출판된 책이다. 지금 2023년이 됐지만 정말 공감이 가는 내용이다. 우리는 빚을 권하는 사회에 살아가고 있다. 우리가 살아가는데 과연 빚 없이 살아갈 수 있을까? 카드 할부에 마이너스 통장, 각종 선전에 빚을 권하는 사회에 살아가고 있다. 빚 없이 살아가기란 낙타가 바늘구멍 들어가는 것이랑 비슷하지 않을까 생각한다.

『조화로운 삶』의 헬렌과 닐 스코링은 뉴욕을 떠나 버먼트 시골로 가면서 빚 없이 살 수 있게 되었다. 그러나 보통 사람들은 빚 없이 살아갈 수가 없다. 대부분의 일상생활이 빚으로 유지되고 있다는 말이다. 요즘은 현금을 들고 다니는 사람이 별로 없다. 많은 사람이 카드를 들고 다닌다. 현금으로 쓰면 아무래도 소비가 꺼려지지만, 카드는 돈 쓰는데 거리낌이 없다. 열심히 일한 당신, 열심히 카드 긁어라. 카드로 쓰면 계획적인 소비가 안 된다. 충동적인 소비를 많이 하고 예상했던 것보다 더 많이 쓰게 된다. 현금 없는 사회가 빚을 만들고 있다. 인터넷 쇼핑도 카드를 등록해서 쇼핑한다. 쇼핑하고 결제하기는 쉬워졌지만, 자칫 잘못하면 쇼핑 중독에 빠져 빚의 함정에 빠질 수 있다. 쇼핑 중독이 아니더라도 구매에 망설임이 적어진다. 액수가 큰 금액도 3개월 무이자 결제라는 말에 쉽게 결제한다. 무이자 할부 또는 할부 결제는 가까운 미래의 소득을 당겨쓰는 것이다. 이미 우리는 미래의 소득을 당겨쓰는 데 익숙해진 상태다.

요즘은 미성년자도 현금이 아닌 부모의 카드를 쓴다고 한다. 얼마나 끔찍한 일인가 돈을 알지도 못하고 빚을 알지도 못하는 미성년자들에게 이미 무한 소비를 가르치고 있고, 자기도 모르게 빚의 함정에 빠지게 만들고 있는 것이다. 이 세상을 살아가려면 돈이 있어야 하는데, 돈을 벌기 위해서 공부하고 있는 것인데, 이미 돈도 벌기 전에 빚의 무한세계에 빠져들게 만드는 것이다.

지금은 카드나 스마트폰 없이 살아가기가 힘들다. 나도 현금은 들고 다니지만 잔돈 받는 것이 귀찮아서 카드를 쓰는 경우가 많다. 확실히 카드로 쓰면 생각 없이 지출이 늘어나는 경우가 많다. 그리고 요즘은 스마트폰으로 쇼핑을 하니 손가락 하나 클릭으로 결제가 된다. 얼마나 소비하기 쉬운가? 거기에 인터넷 미디어에서는 각종 신제품들이 그럴싸한 광고로 무장해 무한히 쏟아지고 있다. 이러니 미래 소득을 미리 당겨쓰는 행위를 무한히 반복할 수밖에. 쇼핑 중독은 고스란히 빚의 함정으로 이어지게 된다.

스마트폰도 빚이고, 자동차 사는 것도 빚이고, 카드할부도 다 빚이다. 우린 빚의 중독으로 살아가고 있다. 미래 소득을 당겨서 살고 있는 시대에 살고 있다.

빚을 투자에 활용하는 사람도 있다. 부동산 투자는 특히 빚을 이용하지 않으면 투자를 할 수가 없고, 또한 빚, 즉 레버리지를 이용하면 수익률이 증가하기 때문에 빚을 이용한다. 또는 증권사의 신용을 이용해 빚을 내서 주식 투자를 하는 경우도 있다. 한번 수익이 나면 빚의 효과를 포함해서 그 수익률이 대단하니, 한번 그 유혹에 빠진 사람은 헤어나기 어렵다. 주식 투자해서 깡통 계좌가 됐다는 사람들은 그런 증권사 신용융자를 써서 투자한 사람들이 대부분이다. 주식이 떨어지면 증권사 반대매매가 들어가기 때문에 버티질 못하고 강제적으로 매도가 이루어지니 깡통이 된다.

부동산 투자에 빚을 이용해서 돈을 번 사람도 있다. 그러나 잘못 투자해서 빚의 함정에 빠지면 부동산은 헤어나기 어렵다. 부동산은 사기는 쉬우나 파는 것이 어렵기 때문이다. 내가 힘들게 번 돈 다 공중 분해가 되고 은행으로 흘러간다. 부동산은 금융위기가 오면 대책이 안 선다. 팔고 싶어도 팔아버릴 수가 없다. 정말 끔찍하다. 감당하지 못할 빚은 파산이다. 그러나 빚을 알고 감당이 되는 빚은 때론 좋은 친구가 될 수 있다. 빚을 공부하지 않고, 빚이 무서운 줄 모르고 소비에 중독되면 살아가기 힘들 것이다.

복리의 마법

돈은 누구나 잘 아는 것 같지만, 의외로 다들 깜깜이다. 진짜 돈의 의미와 유통화폐(currency)를 구분할 줄도 모른다.

물물교환에서 위대한 돈이 탄생했다. 종이돈의 탄생이다. 종이돈 즉 유통화폐도 나라마다 가치가 다르다. 미국 가서 한국 돈을 쓸 수는 없다. 동남아 여행을 가면 달러는 쉽게 환전해서 쓸 수가 있다. 그러나 한국 돈을 취급해 주는 곳은 거의 없다. 모든 종이 화폐는 믿음이 있어야 한다. 믿음이 없으면 휴지조각일 뿐이다.

골드바 1kg은 100년이 가도 1kg을 유지하고, 100년 후에도 지금 1kg으로 살 수 있는 물건을 살 수 있을 것이다. 그러나 지금 종이돈 100만 원으로 살 수 있는 금액이 100년 후에도 동일한 물건을 살 수 있다고 믿는 사람은 아무도 없을 것이다. 인플레이션 영향으로 종이돈의 값어치는 날이 갈수록 줄어들 것이다.

돈 공부는 아무도 가르쳐 주지 않는다. 제대로 아는 사람도 없을뿐더러 돈 하면 한국은 일단 나쁜 것처럼 취급한다. 나도 돈에 대해서 잘 몰랐다. 부모가 가르쳐 주지도 않았다. 부모가 먼저 알아야 가르쳐 주는데, 아는 것이 없으니 가르쳐 줄 수 없었던 것이다. 심지어 학교에서도 가르쳐 주지 않았다. 회사 또한 절대로 가르쳐 주지 않았던 것이 돈이었다. 나는 50세가 넘으면서 책을 읽고 월급만 가지고 절대 노후 준비가 되지 않는다는 것을 깨닫고 나서야 공부를 시작했다.

지금까지 어느 누구도 돈 공부를 제대로 한 적이 없으므로 직장 동료나 자기와 가까운 동료들도 잘 모른다. 그들도 거의 같은 수준이기 때문에 가르쳐 줄 수도 없고, 내가 공부하지 않으면 알 수가 없는 것이 돈 공부다.

살아가는 데 가장 중요한 것이 돈이다. 돈이 목표가 되어서는 안 되지만 돈이 없으면 많이 불편하고 많은 기회를 잃어버린다. 하고 싶은 것에 대해 제약이 많아진다. 초, 중, 고, 대학 또는 직장에서 절대 가르쳐 주지 않는 것이 돈 공부이기 때문에 부모가 알아야 한다. 먼저 부모부터 알아야 자식들에게 교육도 해줄 수 있다. 어쩌면 수학 문제, 영어단어 하나 외우는 것보다 돈 공부가 더 중요할지도 모른다.

아마 대부분 자녀들에게 학원을 열심히 다니라고 하지, 돈을 열심히 공부하라고 가르치지는 않을 것이다. 너는 공부만 해라. 그게 최선의 답이라고 믿는 건 자신들도 잘 모르기 때문이다. 부모가 주식을 모르고, 채권을 모르고, 자본가를 모르는데, 어떻게 돈 공부를 자녀에게 시켜 줄까?

지구상의 중산층이 사는 대부분의 방법은 열심히 공부해서 좋은 직장에 취업하는 것이다. 사업과 돈을 공부시키는 부모가 과연 몇이나 될까? 지금까지 돈의 중요성을 아는 사람들만이 자녀들 돈 공부에 집중해 왔다.

인간이 발명한 위대한 것들 중 하나가 돈이다. 쓰고 남는 돈은 저축이 가능하다. 저축은 다시 잉여자산을 형성하게 되고, 그렇게 만들어진 자산으로 인간은 일을 하지 않아도 먹고 살 수 있게 된다. 이건 오로지 인간만이 할 수 있는 일이다. 야생의 짐승들에겐 저축이 없다. 매일매일 먹이 활동을 해야 한다. 인간만이 위대한 돈을 발명했기에, 저축이 가능하다. 또한 돈이 있기에 빚도 있다. 야생의 짐승들은 저축도 하지 않지만 빚도 없다. 인간은 빚이 있기에 파산도 할 수 있으며, 그 빚으로 인해 스스로 목숨을 끊는 일도 있다.

돈 공부만 제대로 한다면 빚의 무서움을 알고 감당 못 할 빚을 끌어들여 아파트를 사거나, 능력도 되지 않는데 차를 사지는 않을 것이다. 요즘 세대는 SNS를 많이 하니 자랑하기에는 최고의 수단이다. SNS를 많이 하는 사람들은 자랑하려고 자기의 분수에 넘는 생활을 하는 경우가 있다. 분수에 넘친다는 것은 그것이 지속 가능하지는 않다는 말이다.

돈 공부를 제대로 하는 사람들은 투자에 관해서 진지하게 공부한다. 사업에 관해서도 집중한다.

그러니 우리도 진지해야 한다. 자본주의의 꽃인 주식을 이해하고, 자본의 속성을 이해하고, 노동 수입을 기초로 그 돈을 불려 자본가가 되는 밑바탕으로 삼거나 또 다른 사업자금으로 전환을 시킬 수도 있다는 것을 이해해야 한다.

돈이 많다고 행복한 것은 아니라고 말한다. 맞는 말일 수도 있다. 그러나 돈이 없으면 돈이 있는 사람보다 매우 괴로울 것이며, 돈이 많은 사람들은 하고 싶은 많은 일을 할 수가 있으나, 없으면 하는 일에 제한이 많을 것이다. 돈이 많으면 여행가고 새로운 경험을 많이 할 수 있으나, 돈이 없으면 여행이나 새로운 경험, 내가 하고 싶은 일들에 제약이 따를 수밖에 없다.

돈 공부는 빠르면 빠를수록 좋다. "너는 공부만 해라"가 아니라 "돈 공부도 중요하다"라는 것을 자식들도 반드시 알아야 한다. 나도 돈 공부는 50살이 넘어서 시작했으니 그동안 먹고 사는 것이 무엇이 그리 바빴는지 모르겠다. 가장 중요한 것을 놓치고 살아오고 있었다.

복리의 마법

　나는 투자와 투기를 구분하지 못했었다. 배우지 않았고 공부를 하지 않았으니 구분할 수가 없었다. 나는 분명 투자한다고 하는데 그것이 투기하는 것이 아닌지 한번 생각해 봐야 한다. 나는 모든 파생상품은 절대로 하지 않는다. 즉 조건이 붙는 금융상품은 나는 파생상품으로 보며, 그런 경우에는 투자를 하지 않는다. 그 조건들이란, 내가 통제할 수 없는 것들이기 때문이다. 조건이 붙는 상품은 아무리 이자를 높게 줘도 나는 절대 투자를 하지 않는다. 조건에는 분명히 함정이 있기 때문이다.

　박성현 작가가 말하기를 내가 통제할 수 있으면 투자고, 내가 통제할 수 없다고 하면 투기라고 한다. 이 말에 전적으로 동의한다.

예를 들어 ELS 같은 상품도 투기라고 생각하는 이유는 '주가가 어느 가격 밑으로 내려가지 않으면'이라는 조건이 붙어있다. 주가가 올라가고, 내려가는 건 내가 통제할 수 있는 것이 아니다. 몇 년 전에 DLS, DLF 같은 상품이 있어 투자 후 6개월도 되지 않아 마이너스 90% 수익률이 되었다는 기사가 난 적이 있었다. 독일 국채를 조건으로 만든 금융상품이었다. 3.5% 정도의 이자를 주니 괜찮다고 하여, 퇴직금을 다 넣은 사람이 있었는데 6개월도 되지 않아 퇴직금이 다 날아갔다고 했다. 그 투자자는 괜찮은 금리라서 가입했겠지만, 통제 불능의 변수에 관해서는 전혀 고민이 없었던 것이다. 쉽게 말해, 독일 국채 금리를 개인이 오르는지, 내리는지를 알 수 있을까? 그것을 감히 통제할 수 있을까? 그런 것에는 전혀 고민 없이 독일이라는 선진국 간판과 이자 숫자만 보고 투자가입을 했다는 말이다. 직장 다니느라 투자에 관해서 공부할 시간이 없으니, 투자와 투기를 구분하지 못했던 탓이다.

이건 분명 은행에서 팔았던 상품이다. 은행에서 판매하는 금융상품도 다 안전한 것은 아니다. 예시처럼 조건이 붙어있는 금융상품은 일단 의심하고 봐야 한다.

요즘 주식 투자를 하는 사람들이 많이 늘어났다. 자기 돈으로만 투자하는 사람도 있을 것이고 또는 대출을 받아 투자하는 사람도 있을 것이다. 만약 증권사의 신용대출을 받아서 주식 투자 하는 사람이 있다고 한다면, 나는 이것도 투기로 본다. 내 의지와 무관하게 주가가 하락하면 반대매매가 되기 때문이다. 내가 주가가 내려가면 내 의지와 무관하게 반대매매가 들어가서 깡통 계좌가 될 수도 있다. 증권사의 신용대출을 써서 한번 재미를 본 사람은 그 유혹을 견디기란 쉽지 않다. 모든 지표가 당장이라도 상승할 것처럼 보이더라도 그 결과를 알 수 없는 것이 주식이다.

　　그래서 대부분 부동산 투자에 몰린다. 부동산 중에서도 태반이 아파트다. 그것도 사고, 파는 양도차익을 내는 정도가 대부분이다. 이유는 단순하다. 물건을 사고파는 행위처럼 제법 간단한 방법으로도 수익을 낼 수 있고, 위험성도 적어보이고, 지금까지 세상 굴러온 것으로 봤을 때, 부동산으로 대박이 났다는 경우를 많이 보기도 했고, 당장 아파트 청약은 로또와도 같은 것이었으니까. 그렇게 어느새 우리의 아파트는 주거의 개념보다는 투자의 개념이 되어버렸다. 그렇지만, 동시에 부동산 투자에는 돈이 많이 들어가고, 시간도 많이 들어간다는 사실, 그리고 덩치가 있는 만큼 처분이 어려워질 수도 있다는 사실에 대해서는 정확히 인지하고 있는 사람들이 드물다.

　　투자에는 부동산도 있을 수 있고, 금융상품이 있을 수도 있고, 주식이 있을 수가 있다. 투자는 많은 공부가 필요하다. 같은 ETF라고 해도 수수료가 천차만별이다. ETF 사면서 수수료를 주의 깊게 보는 사람은 별로 없다.

　　늦게나마 『엄마 주식 사주세요』 저자 존 리를 만나고 책을 통해 주식을 알게 되었고, 주식 투자에 눈을 뜨게 됐으며 이제는 어느 정도 금융상품을 구분해 내고 수수료를 따지는 사람이 되었다.

　　지금은 직장인의 월급만 가지고 살아가기 힘들다. 누구나 저축을 하고 투자를 할 것이다. 또는 하나 이상의 직업을 가지고 몸이 두 개인지 세 개인지 모를 정도로 살아가는 사람도 있을 것이다. 나는 월급의 일부분은 반드시 투자로 전환이 되어야 한다고 생각한다. 그 투자의 첫 번째는 워런 버핏이 이야기했듯이 첫 번째가 돈을 잃지 않는 것이며, 두 번째가 첫 번째 원칙을 잊지 않는 것이라고 했다.

　　이자가 높은 곳, 고수익이 있다는 곳에는 분명 함정이 있을 수 있다. 전문가라는 사람 또는 TV에 자주 나오는 사람이 확실하다고 하면 믿고 투자하는 사람들도 있을 것이다.

착각의 함정이다. 설마 저 사람이 속이기야 하겠어? 대부분 사람은 은행을 믿는다. 그러나 앞서 말했듯이, DLF 상품은 은행에서 많이 팔 아먹었던 금융상품이다. 책임지는 사람은 없다. 내가 투자했으니 내 가 책임져야 한다. 금융상품 투자를 하면서 자세하게 설명서를 읽어 보는 사람이 어디 있을까? 증권사에 가서 펀드 상품 추천해달라고 하 면 그 증권사에서 운영하는 상품 중에 수수료가 높은 금융상품을 추 천해 줄 가능성이 높다. 대부분 은행이나 증권사에서 금융상품 추천 해달라고 하면 고객의 입장보다는 은행이나 증권사에 이익이 많이 나 는 금융상품을 추천해 줄 가능성이 높다. 금융상품이 너무 많으니 무 엇을 어떻게 투자할지 모른다.

금융상품이 너무 많다. 펀드를 검색해 보고, ETF를 검색해 봐라. 얼마나 많은가? 수수료 등 어떤 것에 투자해야 할지 너무너무 헷갈 린다.

3배 레버리지, 파생상품, 조건이 있는 것, 수수료가 높은 것 등은 나는 하지 않는다.

부자가 되지는 않더라도 노동 수입이 단절되는 시기를 대비해 미래 의 나를 위해 투자를 해야 한다고 생각한다. 돈이 돈을 버는 시스템을 하나라도 만들어 놔야 한다.

비근로소득

　대학을 졸업하고 취업이 되면 근로소득부터 늘릴 생각을 한다. 대표적인 예가 진급을 위한 집중이다. 진급이 잘 되려면 상사한테 잘 보여야 하고, 일도 잘해야 한다. 대부분 젊은 사람들은 근로소득에 중점을 둔다. 젊은 사람이 비근로소득을 생각하는 경우는 드물 것이다. 나도 그랬었고, 젊은데 앞으로 얼마든지 돈을 벌 수 있다고 생각이 되니 사실상 비근로소득이 뭔지도 잘 몰랐다. 젊었을 때는 모르는 것이 당연한지도 모르겠다. 나는 50세가 넘어가면서 깨닫게 되었다. 비근로소득을 만드는 건 빠르면 빠를수록 좋다.

　한 살이라도 젊었을 때 복리의 마법을 이용해야 한다. 언젠가는 근로소득이 절벽이 된다. 필연적이다. 갑자기 몸이 아파서 직장을 못 다니게 될 수도 있고, 또는 명퇴라든지 해고를 통해서 자발적이든 비자발적이든 직장을 그만두게 될 경우도 있다. 이럴 때 비근로소득의 파이프라인을 만들어 두지 않았다면, 내 가족들의 생계가 막막해지게 된다. 적은 돈이라도 매월 일정하게 들어오는 돈이 있다면, 그것도 내가 일하지 않아도 들어오는 돈이라면, 월급 올리는 것보다 훨씬 더 중요한 문제다. 부동산은 투자하는 금액도 크고, 임차료를 받으려면 투자금액이 많아야 하지만 채권이나 주식의 배당을 받으려면 큰돈이 없어도 된다.

요즘은 한국에도 월 배당 ETF가 출시되었다. 한국 주식으로는 월 배당 ETF를 만들 수 없고 미국 주식 기초로 만들어 놓은 ETF가 출시되었는데, 불과 몇 년 전까지 해도 그런 금융상품은 없었다. 요즘 나는 그런 금융상품이 있다는 것에 감사하고 조금씩 사들이고 있다.

삶의 방향

이정표

배는 목적지 없이 항구를 떠나지 않는다. 떠난 배가 목적지로 정확하게 가려면 나침판은 필수다. 우리의 인생도 그렇다. 행복한 삶을 영위하기 위해서는 인생의 나침판이 필요하다. 나는 그것이 책이라고 생각한다. 먼저 살았고, 살아갔던, 많은 사람들의 시행착오가 책 속에 밀집되어 있다. 뚜렷한 목적지 없이 항해를 한다면, 나침판도 필요 없다. 해가 뜨는 쪽은 동쪽이요, 해가 지는 쪽은 서쪽이다. 북반구에서는 해가 뜨는 쪽을 바라보고 좌측은 북쪽이요, 우측은 남쪽이다. 그러나 방위는 360도의 방위가 있다. 정확한 방향을 위해서는 나침판이 필요하다.

긴 인생도 마찬가지다.

내 맘속에 나침판은 꼭 하나 있어야 한다. 내가 어떻게 살아가고 어떤 삶을 추구할지도 많이 고민해 봤을 것이다. 옳다고 생각되는 방향으로 가고 있어도 때로는 폭풍우를 만나서 잠시 우회하기도 했을 것이다. 살다 보면 평탄한 삶을 사는 사람은 아무도 없다. 태풍도 만나고, 거친 파도도 만나고, 때론 순풍도 만난다. 맑은 하늘에 순풍만 만난다면 좋겠지만, 결코 마음대로 되지 않는다. 좋든, 싫든, 어떤 형태로든 태풍은 찾아온다. 그럴 때 태풍을 만나도 그 방향을 잃지 않는 것이 나침판이다.

나는 그 나침판 역할을 하는 것이 책이라고 생각하고 나는 오늘도 책을 읽고 있다.

5장. 샘물 파기

　파이프라인 우화를 읽어 본 사람이라면 알 것이다. 노동 수입의 한계를 바로 보여주는 좋은 예다. 젊었을 때는 열심히 일해서 노동 수입의 증가로 신이 나겠지만, 안타깝게도 우린 모두 늙는다. 누구나 나이가 들며, 나이를 이기는 사람은 한 사람도 없다. 당장은 수입이 적더라도 꾸준히 물이 나오는 파이프라인을 구축하였다면, 나이가 들어도 물동이를 나를 필요가 없으며, 또한 그 파이프라인을 통해 지속적으로 자자손손 먹고살 수도 있다. 기업의 대주주가 자자손손 먹고사는 이치와 마찬가지다. 창업주가 구축해 놓은 파이프라인을 통해 그들은 부를 누린다. 그러니 한 살이라도 젊었을 때, 노동으로 번 소득을 소비보다는 파이프라인을 구축하는 데 힘써야 할 것이다.

　직장인이라면 국민연금은 강제 사항이기 때문에 반드시 가입되어야 하지만 연금저축이나 IRP 등은 강제 사항이 아닌 개인연금에 해당한다. 또한 직장에 따라 퇴직금 제도가 있는 회사도 있을 것이고, 퇴직연금 제도를 시행하는 회사가 있을 것이다. 퇴직연금을 시행하는 회사도 대부분 원금보장형인 DB를 70% 이상 가입했다고 한다. DC를 가입한 직장인이 별로 없다. DC 가입이 적다는 것은 금융상품이 너무 많고, 모르기 때문에 가장 안정적인 DB를 선택했다는 것이다. 퇴직연금은 장기상품이다. 내가 퇴직 후에 노후를 보장하는 것이다. 대부분 어떤 금융상품에 투자할지도 모르고 아는 사람이 별로 없으니, 최후의 보류인 퇴직연금은 원금보장형을 택하는 것이 당연한 지도 모르겠다. 그러나 국민연금, 연금저축, 퇴직연금으로 원칙만 지키고, 좋은 금융상품을 택한다고 하면 노후 준비를 끝낼 수도 있다. 직장인들 퇴직 후에도 은퇴 준비가 되지 않으면, 죽을 때까지 일해야 하니 건강하게 사는 것도 하나의 투자일 수도 있다.

연금저축, IRP, 퇴직연금

나는 연금저축을 세 번이나 옮겼다. 금융상품을 전혀 몰랐기 때문이다. 연금저축에 대한 지식이 없었기 때문이다. 공부하면 할수록 금융상품이 너무나 많았다. 결국엔 질려서 어떻게 선택하고, 어떻게 투자하고, 수수료가 얼마인지조차 보지 않았다. 단지 세제 혜택을 준다고 하니 의무적으로, 남들이 다 하니 나도 했었다. 그러나 이제는 수수료도 보고 내가 어떤 상품을 선택할지, 어느 정도 보는 눈도 커졌다.

대부분 직장인이라면 연금저축은 누구나 다 할 것이다. 그러나 세제 혜택으로 만족하는 사람들이 대부분이다. IRP도 마찬가지일 테고, 그러니 요즘에 문자가 매일 오는 것이 디폴트 옵션을 선택하라는 문자가 많이 온다. 증권사에 물어보니 현금만 쌓이고 금융상품 선택이 되지 않으니 자동으로 어떤 상품을 선택할지 선택하라는 것이다. 금융상품을 알면 선택해서 계속 투자가 이루어지겠지만, 그러나 대부분 직장인 금융상품을 제대로 아는 사람이 몇 프로나 될까? 국민연금은 강제적이기 때문에 안 하는 사람은 없을 것이다.

현재 국민연금 평균 수령액이 월 49만원(출처 : 이지성의 『미래의 부』)이라고 하고 또한 월 200만 원이 넘는 사람도 전체의 10%밖에 안 된다고 한다. 은퇴 후에 국민연금만으로 살아가겠다는 사람은 없을 것이다. 국민연금 지급 시기도 점점 늦어지고 있다.

그러나 연금저축이나 IRP, 또는 퇴직연금을 잘 투자하면 국민연금과 함께 노후에 살아가는데 힘들지 않을 것이다.

나는 문과가 아닌 이과 출신이다 보니 글 쓰는 것도 힘들고 문장을 보며 이해하기조차 힘들었다. 그러니 금융상품은 더더욱 이해할 리가 없었다. 펀드가 뭔지, ETF는 뭔지, ELS가 뭔지, 연금저축 펀드, 연금저축 보험, 연금저축 신탁이 뭔지 제대로 이해하지 못했다.

그냥 세제 혜택 준다고 하니, 당연히 신경 쓰지 않고, 정말 보험사나 지인이 추천해주는 곳에만 가입하고 있었다. 그러니 수익률이 얼마인 줄 알 수가 없었다. 당연히 수수료도 어떻게 되는지 몰랐다. 무엇보다 금융상품이 너무나 많아서 자세히 볼 엄두가 나지 않았다.

직장인들은 내 연금저축이 어떻게 투자되고 어떤 상품을 선택해야 하는지 궁금하겠지만, 대부분은 과거의 나처럼 세제 혜택만으로 만족하는 데 그칠 것이다. 당장 퇴직연금을 원금보장형인 DB로 70% 이상 선택했다는 게 그 근거다. 이런 상황이니 DC를 선택했더라도 무엇을 어떻게 투자해야 하는지도 모르고, 어떤 금융상품을 사야 하는지조차 잘 모를 것이다. 연금저축, IRP, 퇴직연금만 잘 투자한다면 은퇴 후의 삶이 윤택해질 수가 있다. 그런데 공부할 시간이 없는 것인지 금융상품에는 관심이 없다. 대부분 잘 모르니 지인의 권유 또는 증권사 보험사의 권유로 수익률이 얼마인지도 모르고 세금혜택만 보는 것으로 만족하게 되는 것이다.

연금저축 종류는 연금저축펀드, 연금저축보험, 연금저축신탁이 있다.

2020년 기준 연금저축 적립금을 보면 보험사에서 하는 연금저축보험이 109.7조로 가장 많고, 그 다음이 연금저축펀드로 18.9조 원이다. 그러나 연금저축 보험은 사업비가 5~10% 정도 하니 자칫하면 내자마자 10%의 손실을 보는 것과 마찬가지가 된다. 문제는 아이러니하게도 연금저축보험이 제일 많다는 점이다. 그만큼 보험사에서 마케팅을 잘했거나, 또는 대부분 직장인이 연금저축에 대해서 잘 모른다는 것이다. 과거의 나도 예외가 아니었다. 검토할 생각도 하지 않았고, 공부할 생각도 하지 않았다.

연금저축펀드는 사업비 즉 보수가 없다. 수익률도 연금저축펀드가 연금저축보험보다는 높은 것으로 나와 있다. 세제 혜택 받은 금액이 적은 돈이라 신경을 쓰지 않는다. 또한 잘 모르거나 수익률이나 수수료를 따져보지도 않거나, 여러 가지 이유가 있겠지만, 현재로서는 수수료가 많고 수익률이 적은 연금저축보험에 더 돈이 많이 몰려있다.

시장에서 물건을 살 때나 핸드폰, 자동차 구매할 때는 어디서 할인을 많이 해주나, 가성비가 얼마나 좋은가, 연비가 얼마나 되는가를 잘 따지는 사람들이 노후에 큰돈이 될 수 있는 것에는 오히려 따지지 않는 것이다. 심지어 수익률이 얼마나 되는지도 모르고 수수료가 얼마인지조차 보지 않는다.

연금저축은 운용사 입장에서 보면 아주 큰 수익원이다. 누구 하나 수익률이 낮다고 따지는 사람도 없고, 누구 하나 신경을 쓰는 사람이 없으니 운용사로서는 편하다. 수수료는 수익률이 높든 낮든 수수료는 일정하게 계속 떼고 있으니 꿀단지가 따로 없다.

나는 증권사의 연금저축펀드를 운영하고 있다. 연금저축만으로 30년간 제대로 투자하면 월 33만 원으로 20억을 만들 수가 있다. 이것이 복리의 마법이다.

S&P500 인덱스펀드나 QQQ 같은 ETF는 연 10~13%의 수익률이 나온다.

복리로 연 10%의 금융상품을 매월 40만 원을 넣으면, 30년을 꾸준히 투자하면 20억 가까이 되는 것이다. 그러니 연금저축펀드를 통한 투자를 우습게보면 절대 안 된다.

연금저축 및 퇴직연금, IRP만으로 투자를 잘한다면 노후 준비를 따로 할 필요가 없다. 내가 쓴 블로그에 보면 매월 33만 원으로 30년 투자를 했을 때 20억을 만들 수 있다는 블로그를 쓴 적이 있다.

관련 블로그 주소 링크
https://blog.naver.com/dokdokim/222804840131

장기적으로 꾸준히 투자한다면 가능하리라고 생각한다. 연금저축만으로 그 정도 돈이면 노후에 충분할 것이다. 기본적으로 직장인은 국민연금이 나올 것이고 매월 투자한 연금저축 20억 정도가 있고, 퇴직금 또는 퇴직연금이 있다고 하면 노후 준비는 돈 걱정 없이 살아가는 데 충분할 것이다.

연금저축, IRP 등에 자세히 알고 싶으면 차경수의 『연금 이야기』 책을 보면 자세히 설명되어 있다. 금융상품보다는 세금 관계 그리고 어떻게 운영하고 증권사나 은행이나 보험회사에 어떻게 투자해야 하는지 너무 자세하고 너무 쉽게 설명이 되어 있어서, 이것 보고 실천만 제대로 한다고 하면 노후 준비를 사실상 많이 줄어들 것이다.

나는 퇴직금제도의 회사에 다니고 있다. 그러나 퇴직연금을 시행하는 회사에 다닌다고 하면 퇴직연금 중 DC와 연금저축 그리고 IRP만 매월 일정하게 자동으로 매수를 걸어 놓고 신경을 쓰지 않는다면 은퇴가 즐거울 것이다.

미래에셋 블로그 홈페이지에 가보니 2023년 6월 30일 기준 개인연금 즉 연금저축펀드에 투자 가능한 상품이 645종목이나 되고 퇴직연금(DC) 나 IRP로 투자할 수 있는 상품이 603개 종목이나 된다. 이 중에 잘 골라서 집중적으로 투자하면 연금저축, IRP, 퇴직연금(DC)

만으로 충분히 노후 준비가 될 것이다.

나는 연금저축펀드 계좌에서 투자하는 것을 좋아한다. 연금저축펀드로는 100%로 주식형 ETF를 투자할 수 있지만, 퇴직연금(DC)이나, IRP는 주식형 70% 그리고 채권형이나 은행저축 상품 같은 비교적 변동성이 작은 것으로 30%를 투자할 수 있다.

DC나 IRP로는 주식형을 100% 매수할 수가 없다. 정해진 70% 이내에서 매수해야 한다.

미래에셋 공식블로그에 개인연금, 퇴직연금, IRP를 투자할 수 있는 상품이 계속 업데이트되고 있다.

분류	구분	종목명	종목코드	거래량								총보수
		KBSTAR 유로스탁스50(H)	379790	70	2.41	15.52	4.12	13.50	17.25	0.00	2.41	0.02%
	인도	KODEX 인도Nifty50	453810	1,814	3.47	12.09	13.52	0.00	0.00	0.00	3.47	0.19%
		TIGER 인도니프티50	453870	2,239	3.62	11.93	13.10	0.00	0.00	0.00	3.62	0.19%
		TIGER 일본TOPIX(합성 H)	195920	112	6.99	12.09	10.63	28.92	41.12	41.38	6.99	0.24%
	일본	KODEX 일본TOPIX100	101280	198	6.95	14.29	11.34	24.79	24.14	27.34	6.95	0.37%
		ACE 일본Nikkei225(H)	238720	250	7.18	16.87	11.27	35.82	44.95	35.67	7.18	0.30%
		TIGER 일본니케이225	241180	3,726	5.97	16.29	8.91	28.07	22.82	12.54	5.97	0.35%
글로벌 액티브	글로벌	TIGER 글로벌BBIG액티브	387270	331	6.97	22.99	15.77	39.36	25.29	0.00	6.97	0.55%
		에셋플러스 글로벌플랫폼액티브	407830	424	-1.92	13.21	4.29	34.86	5.43	0.00	-1.92	0.99%
		SOL 한국형글로벌플랫폼&메타버스액티브	429990	61	6.91	18.47	11.95	27.70	0.00	0.00	6.91	0.55%
		에셋플러스 글로벌영에이지액티브	451150	77	2.81	11.59	4.62	20.02	0.00	0.00	2.81	0.99%
		SOL 한국형글로벌반도체액티브	423170	230	7.42	32.19	22.10	64.24	0.00	0.00	7.42	0.55%
		TIMEFOLIO 글로벌AI인공지능액티브	456600	783	8.77	28.98	16.89	0.00	0.00	0.00	8.77	0.80%
		ACE 테슬라밸류체인액티브	457480	1,940	-16.79	-2.49	-22.44	0.00	0.00	0.00	-16.79	0.29%
		KBSTAR 글로벌주식분산액티브	459750	61	4.09	13.98	8.69	0.00	0.00	0.00	4.09	0.20%
		KBSTAR 글로벌자산배분액티브	461490	70	1.61	8.02	7.13	0.00	0.00	0.00	1.61	0.20%
		HANARO 글로벌생성형AI액티브	461340	57	11.87	32.36	26.05	0.00	0.00	0.00	11.87	0.60%
		TIGER 글로벌AI액티브	466950	349	9.35	28.36	0.00	0.00	0.00	0.00	9.35	0.79%
		KoAct 글로벌기후테크인프라액티브	475070	80	0.00	0.00	0.00	0.00	0.00	0.00	0.00	0.50%
글로벌 주식	혼합	KODEX TRF7030	329670	247	3.35	13.24	9.01	20.20	16.99	31.85	3.35	0.10%
		KODEX TRF5050	329660	247	2.41	10.97	7.71	15.38	12.79	21.70	2.41	0.17%
		ACE 글로벌인컴TOP10 SOLACTIVE	460960	83	3.82	10.84	8.71	0.00	0.00	0.00	3.82	0.24%
		KBSTAR 미국장기국채선물(H)	267440	104	-4.31	10.65	-2.56	-7.94	-23.35	-27.34	-4.31	0.40%
		KODEX 미국채울트라30년선물(H)	304660	3,015	-6.19	12.25	-4.65	-11.89	-33.64	-37.35	-6.19	0.30%
		TIGER 미국채10년선물	305080	1,181	1.86	3.73	5.42	6.39	-2.52	-0.23	1.86	0.29%
		KODEX 미국채10년선물	308620	426	1.45	4.13	3.77	4.31	-4.72	-3.25	1.45	0.09%
	미국 국채	ACE 미국30년국채액티브(H)	453850	7,097	-5.72	12.74	-4.08	0.00	0.00	0.00	-5.72	0.05%
		TIGER 미국채30년스트립액티브(합성 H)	458250	2,225	-9.85	19.08	-9.16	0.00	0.00	0.00	-9.85	0.15%
		SOL 미국30년국채액티브(H)	461600	77	-4.82	11.60	-4.17	0.00	0.00	0.00	-4.82	0.05%
		ARIRANG 미국채30년액티브	464470	255	-2.41	11.70	0.00	0.00	0.00	0.00	-2.41	0.15%
		KODEX iShares미국인플레이션국채액티브	468370	84	2.48	2.77	0.00	0.00	0.00	0.00	2.48	0.10%
		SOL 미국30년국채커버드콜(합성)	473330	337	1.60	0.00	0.00	0.00	0.00	0.00	1.60	0.25%
		KBSTAR 미국채30년커버드콜(합성)	472830	242	-1.78	0.00	0.00	0.00	0.00	0.00	-1.78	0.25%
		KBSTAR 미국채30년엔화노출(합성 H)	472870	623	-6.31	0.00	0.00	0.00	0.00	0.00	-6.31	0.15%
		ARIRANG 미국단기우량회사채	332610	229	3.46	0.81	7.40	12.98	13.17	20.40	3.46	0.32%
	미국 회사채	KBSTAR 미국단기투자등급회사채액티브	437350	777	3.34	2.39	8.22	13.35	0.00	0.00	3.34	0.10%
		ARIRANG 미국장기우량회사채	332620	501	-0.28	14.31	7.15	7.31	-10.55	-9.72	-0.28	0.52%
		KODEX iShares미국투자등급회사채액티브	468630	153	1.53	9.13	0.00	0.00	0.00	0.00	1.53	0.10%
		TIGER 미국투자등급회사채액티브(H)	458260	769	-1.53	10.08	3.20	0.00	0.00	0.00	-1.53	0.14%
		히어로즈 25-09 미국채권(AA-이상)액티브	467620	122	3.45	0.57	0.00	0.00	0.00	0.00	3.45	0.29%
	유럽 국채	HANARO 유로존국채25년플러스(합성 H)	456100	62	-7.05	17.61	3.77	0.00	0.00	0.00	-7.05	0.20%
		TIGER 단기선진하이일드(합성 H)	182490	164	0.10	6.39	4.90	6.54	4.58	6.61	0.10	0.24%
	하이일드 채권	ACE 미국하이일드액티브(H)	455660	91	-0.17	8.15	5.73	0.00	0.00	0.00	-0.17	0.24%
		KODEX iShares미국하이일드액티브	468380	137	3.18	7.05	0.00	0.00	0.00	0.00	3.18	0.15%
글로벌 채권		KODEX 멀티에셋하이인컴(H)	321410	48	-0.67	9.35	2.53	2.09	-10.79	-8.71	-0.67	0.25%
		KODEX TRF3070	329650	1,494	1.35	8.00	5.86	9.74	7.96	11.14	1.35	0.24%
		KODEX 200미국채혼합	284430	653	-1.36	6.15	2.49	5.75	-2.68	-5.22	-1.36	0.35%
		TIGER 글로벌멀티에셋TIF액티브	440840	272	3.21	8.99	3.97	13.24	0.00	0.00	3.21	0.55%

연금 저축 펀드 / IRP 투자가능 ETF

위 그림을 보면 국내 또는 글로벌로 나뉘어 있으며 총 보수율 및 개인연금 즉 연금저축펀드로 투자할 수 있는지, 또는 퇴직연금(DC)나 IRP로 투자할 수 있는지를 알 수 있다. 퇴직연금 중 DB로 선택한 사람은 해당 사항이 없다. DB는 원금보장이 되면서 일정한 수익률을 보장해 준 것을 선택한 것이니 여기에는 해당 사항이 없으며, 또한 대부분 퇴직연금 제도를 시행한 회사의 직원들이 70% 이상 DB를 선택했으니, 모르면 DB를 선택하는 것도 좋은 방법일 수도 있다.

요즘은 연금저축이나 퇴직연금, IRP 계좌로 미국 주식 기초로 만들어 놓은 ETF를 살 수 있으니, 알면 신세계다. 알면 퇴직 후에 충분한 노후 자금으로 노후가 풍요롭지만, 모르면 나와 무관한 그림의 떡이다.

나는 개인적으로 한국 주식을 기초한 ETF보다는 미국 주식을 기초로 한 ETF를 선호한다. 이유는 한국보다는 성장성이 좋고 대부분 세계적 기업이기 때문에 더 좋아한다.

위 그림을 보면 우측에 100%라고 표기된 곳이 있다. IRP나 퇴직연금인 DC에서 30%를 뭐로 채울까 고민하는 사람이 많을 것이다. 여기에 100%라고 쓰여 있으면 나머지 30%를 그것으로 채우면 된다.

IRP는 계좌 유지 수수료가 있지만, 연금저축펀드 계좌는 계좌 유지 수수료가 없다.

나는 ETF가 안전한 금융상품이라고 생각한다. 과거에 은행에서 판매했던 파생상품인 DLF가 6개월 만에 95% 폭락했는데 ETF는 파생상품이 아니기 때문에 그럴 가능성이 거의 없다고 보기 때문이다.

ETF.COM에 들어가 보면 S&P 500은 연 10~11% 성장하고, 나스닥100인 미국 ETF QQQ같은 경우는 연 12~15% 성장을 하는 것으로 되어 있다.

그래서 나는 연금저축펀드 계좌를 통해 꾸준히 S&P500 인덱스펀드를 복사한 ETF나, QQQ를 복사한 나스닥 100을 ETF를 매수하고 있다. 요즘은 월배당 ETF도 많이 나왔으니 월배당 ETF도 꾸준히 사고 있다. 선택의 기준은 자산운용사의 운용 능력도 다 비슷하다고 보고 있어서, 수수료가 가장 저렴한 자산운용사를 선택한다.

연금저축펀드 계좌를 통해 들어온 배당금은 15.4%의 세금도 과세이연 되어서 나중에 연금으로 수령 시에 5.5%~ 3.3%로 저렴하게 과세가 되니 이점이 많다.

미래에셋 공식블로그에 가면 엑셀로 잘 정리되어 있다. 미래에셋 공식블로그라고 해서 미래에셋 금융상품만 있는 것이 아니고 연금저축펀드, DC, IRP로 투자할 수 있는 상품은 다 있다. 내려 받아서 잘 검토하고 투자한다고 하면 미래가 불안하지 않을 것이다.

나의 기준은 미국 주식을 기반으로 하는 ETF다. 그중에서 수수료가 가장 저렴한 자산운용사를 선택했다. 이제는 수수료가 0.01%까지 내려갔으니 얼마나 저렴한가?

한국 주식으로는 월 배당 ETF를 만들 수 없지만, 미국 주식은 거의 모든 주식이 분기 배당을 하니 얼마든지 월 배당 ETF를 만들 수가 있다.

특히 배당 성장성 ETF인 SCHD를 그대로 복사해서 만들어 놓은 한국 ETF도 있다. 미국 배당 다우존스가 그것인데, 요즘은 이것도 꾸준히 매입한다.

새로운 ETF가 계속 생기고 있으니 주기적으로 연금저축이나 IRP로 투자할 수 있는 ETF가 늘어나고 있다.

뱅가드를 설립한 존 보글이 개별주식을 선택하기 어려우니 시장 전체를 사라고 했다. 그리고 수수료의 차이가 나중에는 억대가 차이 난다고 하니 당장에는 아무것도 아닌 것 같아도 장기적으로 봤을 때는 수수료 차이가 어마어마한 것이다. 예를 들어 수수료가 0.01%와 0.1%라고 하면 수수료가 10배 차이 나는 것이다. 10배면 1,000%다. 1,000%가 세월 속에 누적이 된다고 생각해보자. 어마어마한 금액이 된다.

직장인들은 월급에 익숙해 있으니 연금저축펀드 계좌를 통해 수익 난 것을, 55세가 넘어서 연금으로 수령 시에 월배당 ETF로 전환하면, 연금저축펀드 계좌에서 나오는 배당금만으로도 충분한 생활비가 나올 수 있을 것이다. 연금저축펀드 계좌나 IRP에 넣을 수 있는 연 최대 금액이 1,800만원 이지만, ISA계좌를 통해 추가로 연금저축펀드 계좌에 넣을 수 있다. 나는 연금저축펀드 계좌가 여러 면으로 이점이 많다고 생각하고 연금저축펀드 계좌에 금액을 늘리고 있다. 또한 직장을 다니고 있을 때 꾸준히 배당을 재투자하고 있다.

나도 한때는 세금혜택만으로 만족했었고, 내 연금저축이 어떻게 투자되고 IRP도 어떻게 투자할지도 몰랐다. 지금은 연금저축이나 IRP 대부분 ETF에 투자하고 있다. 그것도 한국이 아닌 미국 주식을 기초로 만들어 놓은 S&P500 이나 QQQ(미국 나스닥100) 같은 것이다. 즉 미국 주식을 연금저축이나 퇴직연금 IRP에서 살 수 있는 것이다. 미국 주식을 기초로 만들어 놓은 ETF를 살 수 있으니 지금은 오히려 투자하기가 더 좋은 것 같다.

같은 금융상품이라고 하더라도 운용사별로 이름이 다르다. Tiger, Kodex, KBSTAR, ACE, 미국 나스닥100이라 함은 미국의 QQQ를 복사해서 한국에 상장시켜 놓은 것이며, 운용사 별로 이름도 다르지만, 수수료도 운용사별로 다르다.

JL 콜린스 저서 『부자 교육』에서는 자식들에게 부자가 되는 길을 이야기하고 있다. 그 방법이란 것은 결국 ETF를 꾸준히 사라는 것이다. 그중에서 뱅가드 운용사를 추천했다. 그것도 수수료가 저렴한 뱅가드에서 만들어 놓은 ETF를 추천했다. passive ETF이니 수수료가 저렴하다. 비쌀 이유가 없다. 지금은 뱅가드를 따라서 수수료가 많이 내려갔다. 뱅가드는 『만국의 주주여 단결하라』, 『모든 주식을 보유하라』의 저자인 존 보글이 설립했다.

미국 시총 1위부터 500등까지 모든 주식을 소유하는 것이다. 그것이 S&P500 인덱스 펀드다.

지금까지 지수를 이긴 펀드매니저가 없다. 시장은 결국 항상 우상향하니 지수 추종 ETF를 사는 것이다. 또한 1위부터 500등까지는 순위가 자주 바뀌지 않으니, 펀드매니저가 특별히 할 일이 없다. 따라서 수수료도 비쌀 이유가 없다. ETF만 내 급여해서 꾸준히 투자하더라도 부자가 될 수 있다.

25배의 법칙은 책을 읽어본 사람이라면 알 것이다. 또한 4%의 법칙도 잘 알 것이다. 내가 연소비의 25배를 모아야 한다는 것이다. 은퇴 후 25년간 쓸 돈을 모으라는 이야기와 비슷하다. 그러나 지금은 100세 시대가 되었으니 30년 쓸 돈 즉 30배의 자금을 모아야 할지도 모르겠다.

국민연금 포함해서 월 400만 원이 필요하면 년 4,800만 원을 소비하는 것이다. 그럼 국민연금 액수를 제외하면 국민연금을 100만 원으로 잡으면, 매월 300만 원이 필요하며, 년 3,600만 원이니, 3,600만 원의 25배를 모아야 한다는 것이다. 대략 9억 원 정도가 필요하다. 그것이 주식이나 주식과 채권의 혼합으로 되어 있다고 하면 4%(3,600만 원)씩 뽑아 쓰더라도 절대 9억 원의 원금이 줄어들지 않는다. 결국은 주식 시장은 연 4% 이상 상승한다. 매년 4%씩 뽑아 쓰더라도 4% 이상 상승하기 때문에 9억 원이란 돈은 절대 줄어들지 않는다는 것이다. 그러나 9억 원이란 돈의 값어치는 줄어들 수가 있다. 그것이 72의 법칙이다. 인플레이션율에 따라 돈의 값어치가 줄어드니 연평균 4%의 인플레이션이라고 하면 18년이 되어야 그 돈의 값어치가 반으로 줄어든다. 그러나 S&P500의 지수는 연 10% 내외 상승하고 있으니 인플레이션을 이기고 4%를 뽑아 쓰더라도 원금은 그대로 있을 것이다.

콜린스는 미국 주식 시장을 상대로 이야기하고 있으니 우리나라 주식 시장이랑 잘 맞지는 않을 것이다. 다행히 우리도 미국 시장에 상장된 것을 직접 사거나, 미국 ETF를 복사해서 만들어 상장해 놓은 ETF가 있으니, 그것을 연금저축펀드 계좌에서 그런 ETF를 살 수 있다. 그러니 그 법칙을 적용해도 괜찮다고 본다.

연금저축펀드 계좌는 장점이 많다. 연금이 개시된 이후에는 새롭게 자금을 넣을 수는 없지만, 그 계좌에서 ETF를 계속 보유하거나 매수할 수가 있는 것이 가장 큰 장점이다. 연금개시 후에 재취업이 된 경우는 연금저축펀드 계좌를 하나 더 만들어 세제 혜택을 또 받을 수가 있다. 연금저축 보험은 연금이 개시되면 불가능하다. 또한 IRP는 계좌 유지 수수료가 있지만, 연금저축펀드 계좌는 없다.

퇴직연금이 아닌 퇴직금 제도를 하는 회사에 다니는 사람은 퇴직 시, 퇴직금을 IRP, 또는 연금저축 펀드 계좌로 받을 수 있다. IRP 계좌나 연금저축펀드 계좌로 받으면 퇴직소득세를 줄일 수가 있다. 퇴직금을 연금저축펀드 계좌나 IRP 계좌로 받아서 연금개시를 한다면, 10년까지는 퇴직소득세를 70%만 내면 되고, 10년이 넘어가면 60%의 퇴직소득세를 내면 된다. 여기서 10년은 연금개시가 된 이후에 10년을 이야기한다. 따라서 단 1만 원이라도 연금개시가 된 시점부터 10년이다. 또한 퇴직금을 받아서 주택담보 대출 같은 대출 상환을 하더라도 반드시 연금저축펀드 계좌나 IRP 계좌로 받아서 다음날 찾아가더라도 퇴직소득세 30%를 줄일 수가 있다. 즉 연금개시가 된 것이기 때문에, 하루부터 10년 사이에는 퇴직소득세를 70%만 내면 되니, 퇴직소득세의 30%가 절세되는 것이다. 퇴직금이 3억이라고 하면 근무연수에 따라 퇴직소득세가 다르겠지만 10%라고 가정하면 퇴직소득세가 3,000만 원이다. 그럼 다음날 IRP 계좌나 연금저축펀드 계좌에 넣어다가 찾아도 퇴직소득세 30%가 절세되니 900만 원을 아낄 수 있는 것이다.

일시금으로 찾지 않고 연금저축 펀드 계좌에 월 배당 ETF나 다른 ETF를 매수하면, 퇴직소득세까지도 투자가 되는 것이다. 퇴직금이 많다고 하면, 그동안 연금저축 펀드 계좌에 있던 금액과 합쳐서 월 배당 ETF를 사면, 월 배당만으로 어쩌면 생활할 수가 있으며, 원금은 그대로 남아 있을 수가 있다.

연금개시가 되면 연금저축펀드 계좌에서 빠져나가는 순서는 세제 혜택을 받지 않은 금액, 퇴직금 그리고 세제 혜택을 받은 순으로 빠져나간다. 내가 연금저축펀드 계좌에서 월 배당 ETF를 사고 매월 배당으로 받은 돈을 찾아 쓰더라도 인식은 그렇게 되기 때문에 연금저축 펀드 계좌를 잘만 운영하면 연금개시 이후에 돈을 찾아 쓰더라도 돈이 더 불어날 수가 있다.

나는 증권사에 연금저축 펀드 계좌를 만들었다. 그리고 매월 ETF를 매수하고 있다. 대부분 미국 주식을 기초로 만들어 놓은 ETF를 사고 있다. 지금은 월급에 익숙해서 그런지 월 배당 ETF를 조금씩 사고 있다.

개인연금은 선택 사항이지만 국민연금만 믿고 노후를 준비하는 사람은 없을 것이다. 개인연금 즉 연금저축펀드는 반드시 해야 한다고 생각하며, 하루라도 젊었을 때부터 복리의 마법을 이용해야 한다.

연 10%의 수익률의 금융상품이 있다고 하면 너도나도 투자할 것이다. 그러나 넣자마자 10%를 손해 보는 선택을 한 사람도 있다. 모르면 어쩔 수가 없다. 세제 혜택만 만족하면 절대 노후 준비가 될 수가 없다.

나는 연금저축 계좌를 통해서 미국 ETF를 복사해서 만들어 놓은 ETF에 꾸준히 투자하고 있다.

이제 퇴직을 얼마 안 남기고 있으니, 나는 퇴직금을 연금저축펀드 계좌로 받을 것이다. 2013년 3월 이전에 만들어 놓은 연금저축펀드 계좌가 있으므로 연금저축펀드 계좌로 받을 수 있다.

그러나 IRP로 받아도 상관은 없다. IRP 계좌로 받아서 연금저축펀드 계좌로 옮기면 된다.

퇴직금을 연금저축펀드 계좌로 받아서 그동안 투자한 금액과 함께 월 배당 ETF로 전환할 계획이다. 월 배당 3%, 6%, 9%로 다양하게 구성할 수 있으니, 월 소비금액에 따라 비율도 조정할 수가 있다. 이제는 노동 수입이 거의 단절이 될 것이니, 연금 저축 펀드 계좌를 통해 제2의 월급을 만들 생각이다.

연금저축 펀드 계좌에서 살 수 있는 것들이, 미국 리츠, 한국 리츠, 미국 S&P500 기초, 미국 나스닥100 기초, SCHD 기초로 만들어 놓은 ETF가 있으니 개인의 선호에 따라 다양하게 월급처럼 나오게 구성할 수가 있다.

아래 그림은 미래에셋자산운용사의 홈페이지에 있는 월 분배 ETF 리스트들이다. 다른 운용사도 비슷하니 미래에셋자산운용사를 예로 들었다.

월분배 ETF 리스트

상품명		현재가	기준가격	수익률추이 1주	수익률(%) 단기 장기			
					1주	1개월	3개월	6개월
주식 테마 개인연금 퇴직연금 TIGER 리츠부동산인프라 (329200)		4,420원	4,426.15원		0.84	2.18	4.07	1.94
주식 테마 개인연금 퇴직연금 TIGER 은행고배당플러스TOP10		12,605원	12,623.24원		0.62	3.26	24.19	-

분류	종목명		현재가	NAV					
주식 테마 개인연금 퇴직연금	TIGER 200 커버드콜5%OTM (166400)	♡	13,055원	13,105.03원		-0.25	1.82	8.38	7.86
주식 테마 개인연금 퇴직연금	TIGER 배당프리미엄액티브 (A472150)	♡	10,825원	10,833.58원		-0.28	1.53	-	-
주식 테마 개인연금 퇴직연금	TIGER 미국배당+7%프리미엄다우존스 (458760)	♡	10,090원	10,096.95원		-0.31	0.06	7.44	3.25
주식 테마 개인연금 퇴직연금	TIGER 미국배당+3%프리미엄다우존스 (458750)	♡	10,605원	10,622.40원		-0.42	0.66	8.90	5.03
주식 테마 개인연금 퇴직연금	TIGER 미국S&P500배당귀족 (429000)	♡	11,045원	11,054.54원		0.47	1.81	9.00	4.57
주식 테마 개인연금 퇴직연금	TIGER 미국캐시카우100 (A465670)	♡	11,130원	11,165.00원		0.43	3.23	10.18	-
채권 단기채권 개인연금 퇴직연금	TIGER 글로벌멀티에셋TIF액티브 (440340)	♡	10,180원	10,196.51원		0.28	0.85	7.19	7.09
주식 테마 개인연금 퇴직연금	TIGER 200 커버드콜 ATM (289480)	♡	8,875원	8,897.27원		0.22	1.09	5.11	6.18
주식 대표지수 개인연금 퇴직연금	TIGER 미국나스닥100커버드콜(합성) (441680)	♡	10,280원	10,319.17원		0.07	1.98	9.28	8.52
채권 단기채권 개인연금 퇴직연금	TIGER 미국투자등급회사채액티브(H) (458260)	♡	49,740원	49,762.62원		-0.19	-2.75	1.46	2.07

출처 미래에셋 자산운용사

다른 자산운용사도 비슷비슷한 ETF가 많이 있다. 나는 이 중에서 수수료를 집중적으로 살펴본다. 대부분 미국 ETF를 복사한 것이니, 전략은 운용사별로 차이가 없다고 보기 때문이다.

연금저축이나 IRP를 통해 세제 혜택을 받는 금액이 절대 적은 돈이 아니라고 생각한다. 연금저축펀드나 IRP를 통해 매월 75만 원씩 넣으면 연 900만 원이다. 30년이면 원금만 2억 7천만 원이다. 복리로 불어나면 어마어마한 돈이 된다. 직장에 있는 동안 즉 근로소득이 있는 동안 가장 빠르게 비근로소득을 만들어야 한다.

대부분 직장인은 연봉이 오르면 오를수록 저축을 많이 할 것 같은데 실상은 전혀 그렇지 않다. 연봉이 오르면 소비도 증가하기 때문에 생각처럼 저축을 더 많이 하지는 못한다. 연금저축펀드, IRP, 퇴직연금을 소중하게 생각하고 조금만 신경을 쓰면 은퇴가 즐거울 것이다.

아는 만큼 보이는 ETF 수익

주식

오늘날의 주식 거래

내 나이 50이 넘으면서 책을 읽고, 『엄마 주식 사주세요』 저자 존리를 만나면서 주식 투자를 알았다. 그러니 그동안 자본주의에 살면서 얼마나 무식하게 살았는지 모르겠다. 주식회사에 다니면서 주식 투자하면 망하는 줄 알았으니, 알게 모르게 나도 세뇌를 많이 당했던 것 같다.

자본주의 꽃은 주식이다. 평범한 직장인도 자본가가 될 수 있는 것이다. 내가 다니는 회사도 주식회사다. 상장이 되어 있다. 내가 다니는 회사의 주식을 사서 나도 노동자가 아니라 내 회사의 주주가 될 수 있는 것이다. 그러나 월급만 받으면 되는 거지, 주식 투자하면 패가망신하는 줄 알았는데 투자를 할 일이 없었다. 내가 다니는 회사는 내가 다니고 있는 동안 망할 것이라는 거에는 확신이 없음에도, 주식을 몰랐기 때문에 오로지 월급만 바라보고 살았다. 즉 투기인 놀음으로 알았기 때문이다. 그래서 아예 젊었을 때는 시작조차 하지 않았다. 몰랐기에 할 수도 없었다. 대학을 나오고 배울 만큼 배웠다는 사람이 자본주의의 꽃인 주식을 완전히 몰랐다는 것은, 금융자산이 70% 비중인 미국 사람이 보면, 바보천치도 그런 바보가 없다는 생각일 것이다. 지금도 제법 금융자산이 있고 주식 투자를 하고 있는 사람도 나 보고 주식 투자는 절대 하지 말라고 한다. 왜일까? 그 이유는 가르쳐 주지 않았기 때문에 나는 알 수가 없다. 분명 이유가 있을 것이다. 조금씩 주식에 투자하고 공부를 하면서 조금씩 조금씩 그 이유를 알 수가 있었던 것 같다.

내가 산 주식이 상장 폐지되면 망하는 거다. 만약 증권사의 신용융자를 써서 주식 투자를 했는데 내가 투자한 주식의 가격이 내려가면 반대매매로 쪽박을 찰 수가 있다. 사고, 팔기를 반복하면 내 계좌의 돈이 녹아날 수도 있다. 증권사의 수수료로 인해 사고, 팔기를 자주 하면 배보다 배꼽이 더 클 수가 있다. 그 밖에 여러 가지 이유가 있을 것이다.

내가 어떤 기업의 1주를 가지고 있다는 것은 그 회사의 1주의 지분을 가지고 있다는 것인데 1인 1표가 아닌 1주 1표의 주식회사는 대주주가 나를 동업자로 절대 인식해주지도 않을뿐더러 대주주의 횡포로 아무리 소액주주가 단결한다고 해도 그 횡포를 막아내기는 쉽지 않아서 그럴까?

뱅가드의 설립자 존 보글이 "만국의 주주여 단결하라"라고 이야기했다. 대주주의 횡포를 막자는 이야기다. 설사 미국에서도 그런데 한국에서는 그 정도가 미국보다는 약하지는 않을 것이다.

주식가격이 하루에도 30%가 올랐다 빠졌다 할 수 있고 한 달 만에 반 토막 날 수도 있고, 한 달 만에 100%가 올라갈 수가 있으니 심장 약한 사람은 주식 투자를 할 수가 없을 것이다.

주식 농부 박영옥 농심 투자 『그래도 주식이다』, 가치투자 강방천, 『엄마 주식 사 주세요』 저자인 존리가 직장인이 부자가 될 수 있는 길은 주식밖에 없다고 이야기한다.

어떤 기업의 대주주가 그 회사의 대표로 있으면서 주식가격에 따라 팔았다 샀다 하지는 않을 것이다. 일반 투자자들이 샀다 팔았다 하지만 또한 일반투자자들은 주식을 사면서 동업자라고 생각하는 사람이 얼마나 될까? 오르면 기분 좋아서 팔고 200% 이상 올랐으면 팔고 싶어서 안달이 날것이다. 평생 들고 가겠다는 사람은 별로 없을 것이다. 김승호 회장의 『돈의 속성』에서 은마아파트와 삼성전자의 예가 대표적일 것이다.

나는 주식 투자는 『엄마 주식 사주세요』 저자 존리의 말에 전적으로 동감한다. 주식 투자는 동업자를 선택하는 것이라고 생각한다. 주식이 조금 올랐다고 주식을 팔고 주식이 조금 내렸다고 손절매하여 주식을 매매하는 것은 동업자를 배신하는 행위라고 한다. 그러나 본질은 그렇다 치더라도 이렇게 동업자라고 생각하고 투자하는 사람은 얼마나 될지 의문이다.

주식 투자의 가장 기본은 나는 배당이라고 생각한다. 내가 투자한 회사가 돈을 벌면 주주들에게 지분만큼의 배당을 해줘야 하며, 만약 회사의 새로운 사업에 계속 투자 하여 배당의 여력이 없다고 하면 주주들에게 이해를 구해야 하고, 지분가치를 높여줘야 해야 한다고 생각한다.

한국 기업들은 배당에 인색하고 또한 배당한다고 해도 분기 배당을 하는 회사는 거의 없고 대부분 연 배당이다. 연 배당을 하다 보니 신문 기사에 가을이 되면, 즉 찬 바람이 불면 배당주 투자라는 기사를 종종 본다. 또한 배당 주는 회사를 투자하더라도 배당률보다 주가 하락이 더 크다 보니 배당 주식에 투자하는 것도 꺼린다. 연 배당이 아니라 분기 배당을 하게 되면 주식을 사고 파는 것이 덜할 것이다. 주식 시장에 돈이 많이 들어와야 그 나라의 기업이 발전하고 새로운 사업이나 새로운 투자도 할 수가 있다. 한국은 대주주도 오너라는 표현을 쓴다. 주주들의 회사인데 대주주는 자기 개인 회사라고 생각하지, 주주들의 회사라고 생각하는 사람이 거의 없을 것이다. 또한 소액 주주들도 조금 오르면 파는 사람들이라고 생각하지, 동업자라고 생각을 하지 않을 것이다. 분명 대주주나 소액 주주들이나 생각에 문제가 있다고 생각한다.

어쩌면 가장 간단한 주식 투자에 수천 가지 방법을 동원해서 주식 투자를 하는지도 모르겠다.

사람마다 투자하는 방법도 여러 가지다. 주식 투자를 하는 것은 사람에 따라 여러 가지 생각과 방법을 동원하게 만든다. 차트 활용법, 또는 급등주 거래, 배당주, 가치주 투자 등등 무수히 많다. 배당주 투자만 하더라도 수천 가지 방법이 있으니, 주식 투자는 개인의 성향에 따라 접근 방법이 다 다를 것이다.

당장 주식 투자를 해도 되는 성향이 있을 것이고, 주식 투자를 하면 안 되는 사람도 있을 것이다. 기본적으로 주식에 투자한다는 것을 이해 못하는 사람은 절대 하면 안 된다. 주식은 매일 오르락내리락하는데 하루라도 주식이 하락하는 것을 견디지 못하는 사람은 주식 투자와는 전혀 거리가 멀다.

투자와 투기를 구분해야 한다. 내가 생각하는 주식 투자는 장기 투자다. 그렇다고 해서 무작정 종목에 지속적으로 투자하지도 않는다. 기업의 평균 수명이 10년 내외이니 무조건 투자를 하다 보면, 만에 하나라도 기업이 망하게 되었을 때, 그동안 사 모아 놓은 모든 돈이 휴지조각이 될 수도 있다.

그럼, 다른 간단한 방법이 없을까? 주식 투자가 이토록 어려운데, 과연 나도 할 수 있을까? 여기까지 읽은 분들이 그런 고민에 빠질 수도 있겠다. 그런 분들을 위해 간단명료하게 방법 하나를 알려드릴까 한다.

"주식 투자는 한마디로 돈 잘 버는 기업과 평생 동업하는 것과 같다."라고 이해하면 되겠다. 가장 단순하고 쉬운 접근 방법이다.

단순하게 돈 잘 버는 기업 한 개만 찾아서 그 한 기업에만 투자하면 되는 것이니 너무나 간단하다.

돈 잘 버는 기업은 시가총액 1위의 기업이 아닌가? 찾기가 너무나 쉽다. 그 기업에 집중적으로 투자하면 되는 것이다. 선택과 집중이다. 그러나 많은 서적에서 주식 투자는 계란을 한 바구니에 담지 말라고 이야기하고 있다. 즉 내가 투자하고 있는 기업이 망할지 모르니 분산해서 투자하라는 의미일 것이다. 어떤 기업이 망할지 또는 대박이 날지 모르니 분산 투자를 하라고 한다. 그러나 어떤 책에서는 선택과 집중을 해서 투자하라고 한다. 돈 잘 벌고 망하지 않는 기업이 있다고 하면, 굳이 여러 기업으로 분산 투자할 필요가 없다는 것이다. 금전적으로 여유가 있다고 하면 여러 기업에 투자하겠지만, 매월 급여에서 일정부분 주식을 산다고 하면 여러 기업을 살 여유가 없을 것이다. 또한 평범한 직장인이 기업을 분석하고 미래 실적을 예측하기란 쉽지 않을 것이다.

그런데 직장인이면서 1조의 자산가가 된 사람이 있다. 그것도 무려 한국인이다!

　이분의 투자법은 매우 간단했다. 시가총액 1위의 기업 한 종목만 매월 월급의 25%를 들여 샀던 것이 전부다. 80세가 되니 주식 투자로 1조의 자산가가 되었다. 선택과 집중이다.

> 지금까지 시가총액 1위 종목만 투자했습니다. 매매는 시가총액 1위 종목이 바뀌면 이뤄졌습니다. 실제 이 분이 매매한 종목을 보면 우리 경제의 발전상이 한눈에 드러납니다.
> 80년대 수출관련주가 주력으로 부상하면서 현대차, 삼성전자, 유공, 금성사 등이 매매 대상에 올랐습니다.현대건설이나 대림산업 같은 건설주도 눈길을 끕니다
>
> 출처: 2017.12.08 the bell

　너무나 간단하다. 주식 투자의 기본은 가장 돈 잘 버는 회사와 동업하는 것이다. 결국 돈 잘 버는 회사란 시가총액 1위가 아닌가? 그럼 세계에서 가장 돈 잘 버는 회사랑 동업하면 한국 시가총액 1위보다 더 수익률이 좋지 않을까? 그래서 나는 미국 시가총액 1위 기업에 꾸준히 투자하고 있다.

　미국 시가총액 1위 기업은 연 25%의 성장률이라고 한다. 지수 추종 ETF는 연 10%~12%를 보고 있다. 연금저축계좌에서는 개별 미국 주식을 살 수가 없으니 연금저축계좌에서는 미국 주식을 기초로 만들어 놓은 ETF를 사고, 내 급여의 일부분은 미국 시가총액 1위 기업을 꾸준히 매수하고 있다.

　『투자의 미래』의 저자 김장섭도 이 노인의 투자 방법에 영감을 얻어 투자했다. 그리고 자기만의 투자 지침도 만들었다. 김장섭 투자자

는 여기에 금융위기의 대처하는 방법에 대한 지침서도 만들어 투자하고 있다. 지수가 고점 대비 2.5%씩 떨어질 때마다 지분의 10%씩 매도하는 게 핵심이다.

역설적으로 금융위기가 오면 기회가 된다. 그간 고평가 되었던 주식들을 싼 가격에 매수할 수 있는 일확천금의 기회가 주어지기 때문이다. 문제는 그런 기회가 찾아와도 돈이 있어야 저평가 된 주식을 살 수 있는데, 그간의 투자로 당장 매수할 현금이 없다면, 닭 쫓던 개 지붕 쳐다보는 격이 되는 것이다. 그러나 김장섭의 지침대로만 하면 현금을 늘 일정 이상 보유하고 있게 된다. 그러니 기회가 오면, 쓸어담기만 하면 되는 것이다.

이게 바로 직장인이 할 수 있는 가장 간단하고 안정적인 주식 투자 방법이다. 시가총액 1위 종목에 집중하여, 매월 일정한 금액으로 투자하면 된다. 선택과 집중이다. 1등이 바뀌면 1등으로 새롭게 올라온 주식으로 갈아타면 된다. 어떤 사람들은 비트코인, 또는 제2의 테슬라를 찾아 투자하는 사람들도 있을 것이다. 제2의 테슬라를 찾았다고 해도 오랜 시간 동안 기다리고 버티기는 쉽지 않을 것이다. 그리고 그 믿음을 얼마나 가지고 갈 것인지도 의문이다. 누군가는 시총 1위는 벌써 너무 올라버려서 이젠 투자할 기회가 없다고 한다. 그러나 80세 노인의 투자는 항상 시가총액 1위를 추종했다. 시가총액 1위 회사가 바뀌면, 그때서야 새롭게 1위로 올라온 기업으로 갈아탔다. 그의 몇 번 되지 않는 매수매도는 다 그런 식이었다. 그런데도 80세가 되었을 때 1조 자산가가 되었다. 결론은 현재 1위 기업에 투자해도 절대 늦지 않다는 것이며, 김장섭의 투자 방법을 따라 하지 않아도 80세의 노인처럼 될 수가 있다는 것이다.

나는 현재 전 세계에서 가장 돈을 많이 버는 기업과 동업을 하고 있다. 미래 가치를 나는 판단할 자신도 없고 그럴만한 능력도 안 되기에 지금 가장 돈을 많이 버는 기업과 동업을 하는 것이다. 또한 개별 기업에 투자할 믿음이 없다고 하면 시장을 통째로 사는 ETF를 사는 것이다.

지금까지 지수를 이긴 펀드메니져는 없었다고 한다. 즉 지속해서 연 10%의 수익을 만들어 낸 펀드멘니져가 없다는 것이다.

지금 1등 주식을 사면 조금 늦은 듯하지만, 그건 어디까지나 기분 탓이다. 사실은 매우 명확하다. 한국 주식으로 1조 자산가가 된 직장인이 실존한다. 하물며 한국 주식 결과가 이 정도다. 몇 배나 규모가 큰 미국 시가총액 1위 기업에 투자하면 어떻게 될까? 아마 모르긴 몰라도 한국 시총 1위보다는 훨씬 수익률이 높지 않을까? 그래서 나는 한국 1위가 아닌, 세계적으로 돈을 가장 잘 버는 미국 시총 1위 기업에 집중적으로 투자하고 있다.

주식 투자 방법에는 수천 가지가 있다. 무엇이 모두에게 적용될 수 있는 명확한 정답이라고 단정 짓기는 어렵지만, 기본적으로 주식에 투자하는 것 자체는 필수라고 생각한다. 다만, 각자의 개성에 따라 어떻게 접근하느냐의 차이만 있다고 본다.

존리가 말하기를 직장인이 부자가 될 수 있는 유일한 길이 주식 투자라고 했다. 주식 투자를 해서 성공한 사람이니, 그 사람 생각에 나는 전적으로 동의한다.

나는 연금저축펀드 계좌를 통해서는 지수 추종 ETF나 나스닥 100(미국에서는 QQQ) 같은 것을 꾸준히 사고 있으며, 월급의 일정 부분은 미국 시총 1위의 기업을 꾸준히 사고 있다.

채권

　채권도 비근로소득을 만드는 좋은 방법이다. 주식의 변동성을 싫어하는 사람이라고 하면 채권이 좋은 투자 수단이 될 수 있을 것이다. 나도 그랬지만 채권투자는 전문 투자자가 아니라면 다소 생소할 수가 있을 것이다. 그러나 조금만 신경을 쓰고 책을 본다고 하면 그다지 어렵지도 않다. 채권 발행 시에 정해진 이자를 주는 것인데, 부도가 나지 않는다면 만기까지 일정한 이자를 줄 것이다. 설사 내가 투자한 회사가 부도가 나더라도 주식과는 다르게 시간이 오래 걸려서 그렇지 받을 수가 있다. 등급이 A등급 이라 하면 부도율이 거의 없기 때문에 이자도 높지 않지만, BBB 이하로 떨어지는 채권은 신용이 좋지 않기 때문에 이율이 높다. 채권은 따라서 일정한 등급 이상이라고 하면 부도율이 거의 없기 때문에 즉 BBB등급 이상이라고 하면 투자할만하다는 것이다. 또한 국채나, 지방채, 회사채 등을 증권사의 장내 채권시장을 통해서 살 수 있으니 투자가 그다지 어렵지는 않다.

　채권에 대해 투자를 하고 싶다고 하면 유튜버 '퍼프리'라는 석동민 작가의 『채권투자 처음 공부』를 보면 자세하게 나와 있다. 석동민 작가는 채권투자의 최적화된 것이 한국투자증권이라고 한다. 이것도 저것도 신경을 쓰기 귀찮다고 하면 채권도 채권 전문투자자한테 위임하면 된다. 채권을 전문적으로 하는 운영하는 채권투자운용사가 있다. 한국채권투자운용(주)가 채권에 특화돼서 하고 있다. 이런 곳에 위임

하면 된다. 나도 한국채권투자운용(주)에 일정부분 채권을 투자하고 있었다. 그러나 나는 채권보다는 주식이 더 재미있어서 주식으로 옮겼다. 이곳에서는 매월 이자도 나오게 만들어 준다. 채권도 공부하면 재미가 있다. 우리가 상식적으로 알기에 채권투자로 2~7% 이내의 안정적인 이자를 생각하는데, 전환사채 즉 CB 같은 채권은 나중에 일정 기간이 지나면 주식으로 전환할 수 있는 채권이다. 좋은 회사의 전환사채를 투자하게 되면 나중에 주식이 올라서 기대 이상의 수익률이 생기는 경우도 있을 수 있다.

요즘 채권은 BBB등급 이상도 7% 이상을 주는 것들이 많으니 주식의 변동성이 싫은 사람은 채권투자도 괜찮다고 생각한다. BBB등급 이상 부도율 따져보고 투자하면 안정적인 현금 흐름을 만들 수가 있다. JL콜린스의 책 『부자되기』에 보면, 은퇴 후에 주식 비중을 75%, 채권 비중을 25% 유지하고, 그동안 모아둔 돈을 4%로의 규칙으로 뽑아 쓴다고 하면 모아놓은 돈이 평생 줄어들지 않는다고 한다.

부동산

아파트 건설 현장

한국 사람들은 부동산을 너무 사랑하는 것 같다. 부동산에 대한 믿음도 강한 것 같다. 그리고 부동산은 안전하다고 생각한다. 한때는 건물주가 되는 것이 유행하기도 했고 그 유행은 지금도 유효할 것이다. 건물주가 돼서 꼬박꼬박 들어오는 임대료를 받고, 일을 안 해도 들어오는 월세를 받아 생활하는 그런 것을 꿈꾸는 사람들이 많을 것이다. 그렇기에 부동산 투자 열기는 절대 식을 수가 없다. 대한민국 온 국민이 부동산 투자를 하고 있다고 해도 과언이 아닐 것이다.

투자가 아니라 목적이 있는 부동산 구입은 나는 괜찮다고 생각한다. 농사를 짓기 위해 구입하는 농지, 집을 짓기 위해 구입하는 땅, 거주하기 위해 사는 아파트, 공장을 짓기 위해 구입하는 땅 등 일정한 목적이 있다고 하면 적당한 가격에 구입하면 내가 쓸 것이기 때문에 그 목적에 맞게 쓰면 되는 것이다. 그러나 투자하기 위해 구입하는 아파트, 땅 등은 신중을 기해야 한다고 나는 생각한다.

대부분 서민이나 직장인들은 거주하기 위해서 아파트를 구입하겠지만, 그것보다 투자를 목적으로 전세를 끼고 아파트를 구매하는 사람들도 적지 않다. 즉 양도 차액을 바라고 투자를 하는 사람들이 많다는 말이다. 전세를 끼고 아파트를 구매했다고 하면 거기에서 월세가 나오는 것은 아니다. 당장은 수익이 없다는 말이다. 게다가 그런 경우들은 자금의 여유도 없는 상태가 대부분이다. 전세금을 받아서 다시 전세를 끼고 아파트를 구매하는 사람들이 대부분이다. 당장 생활은 쪼들리더라도 단순히 양도차익실현이 크게 이루어지리란 믿음만으로 생각하는 투자다.

전세금이 하락하면 거꾸로 전세금 하락 부분을 내어줘야 하는데, 자금의 여유가 없는 사람은 결국 은행에서 추가 대출을 내어서라도 내어줄 수밖에 없다. 그렇게 되면, 당장 매월 대출 이자를 내야한다. 내가 사는 집이 대출이 있고, 또한 투자로 한 채 이상의 아파트가 있다고 하면, 대출이자로 내 삶의 질은 여유가 없으며, 이자를 주고 버티는 것은 이자보다 아파트 가격이 올라줄 것이라고 막연히 믿기 때문이다. 그렇지 않다면, 어떻게 버틸 것인가? 대부분 부동산은 우상향한다고 굳게 믿고 있다. 그러나 팔 때 양도 차액에 대한 세금과 그동안 은행에 준 이자를 생각하면 과연 그게 정말 남는 것일까?

부동산에 투자하는 이유 중의 하나는 변동성이다. 주식은 너무 변동성이 크기 때문에 상대적으로 부동산이 더 안전한 투자라고 생각하는 것이다. 그러나 주식과 달리 부동산은 금융위기가 오면 전혀 팔리지 않게 된다. 절대 안전하지 않다는 말이다.

부동산에 투자하는 또 다른 이유는 단순명료한 수익 모델에 있다. 은퇴 후에 사람들이 생각하는 흔한 수익 모델 중 하나가 부동산 월세다. 월세가 나오는 상가, 혹은 월세가 나오는 오피스텔, 원룸을 가지고 싶어한다. 꼬박꼬박 월세가 나오면, 은퇴 후에도 그것으로 생활을 할 수 있어서 다른 투자보다 안전하다고 여기는 것이다.

나는 정반대다. 월세가 나오는 수익형 부동산은 은퇴 후에는 배당주보다 오히려 위험성이 더 크다고 생각한다. 그간 부동산을 전문적으로 관리한 사람들은 월세가 나오는 수익형 부동산을 관리하는 데 무리가 없겠지만, 평생 월급으로만 살아 온 사람이 퇴직금 투자로 수익형 부동산을 선택하여 정상적으로 관리가 될지 의문이다. 퇴직 후에는 월세를 받아야만 생활이 될 텐데, 월세가 안 들어오거나 공실이 생겼을 때 어떻게 대응할 것인가? 현실은 그저 난감한 정도로 끝나지는 않을 것이다.

공실이 생기고 월세가 들어오지 않으면, 당장 생활부터 곤란해진다. 수익형 부동산은 공실이 생기면 팔리지 않는다. 또한 임차인이 월세가 밀리면 결국 명도소송이라도 진행해야 하는데, 그 기간만 최소 6개월 이상이다. 시작부터 각오를 해야 한다. 또 막상 명도소송이 진행된다고 하면 관리비를 내지 않는 임차인이 있을 것이며, 거기에 은행융자가 있다고 하면, 은행 이자도 내야하고 밀린 관리비도 내야 하고, 어떤 경우는 이사비를 따로 챙겨주어서라도 내보내야 하는 일이 생길 수도 있다. 그뿐인가? 당장은 장사가 잘 되더라도 상권은 항상 변하고, 장사 잘되는 상권이 또 다른 상권에 의해 망할 수도 있다. 아니, 어렵게 생각할 것도 없다. 당장 택배 시스템이 잘 되어 있고, 무료 반품이 자유로운 시대에 굳이 귀찮게 상가 매장에 가서 물건을 사는 사람이 얼마나 있는가? 실물은 매장에서 직접 구경하며 볼지 몰라도 그 자리에서 돌아선 채로 스마트폰으로 가격비교를 하고 구매를 하는 세상이다. 심지어 나 같은 60대도 인터넷으로 검색하고 물건을 사는데, 젊은 사람들이야 오죽할까?

한국에는 수익형 부동산 건물이 너무 많다. 은퇴 이후에 수익형 부동산을 생각하고 있다고 하면 신중해야 하며, 분양받는 것보다 상권이 안정화 되어서 장사가 잘될 때 사도 늦지 않는다고 이야기한다.

즉 상가는 분양받을 때가 가장 비싸다는 것이다. 상가를 살 때는 상권이 안정화 된 후, 임차인이 자리를 다진 상가를 사더라도 늦지 않다는 말이다. 그러나 상권은 변화니까 임차인이 자리를 잘 다진 상가라도 늘 조심해야 한다. 노후에 투자는 특히 더 조심해야 한다.

수익형 부동산은 공실이 생기거나 임차인이 임차료를 못 내고 버티는 상황을 생각해 봐야 한다. 상가가 공실이 된 상가는 팔기 어렵다. 수억 원을 들여 산 상가가 수익률 0%가 될 수도 있다. 거기에 더해 은행융자가 있다면, 은행 이자가 계속 나가게 된다. 또 상가 관리비도 꼬박꼬박 내야 한다. 그럼 수익률은 0%도 아닌 마이너스가 되고 만다. 팔려고 해도 팔리지 않으니 투자한 돈을 건질 수도 없다. 상가 하나 때문에 은퇴 후에 파산할 수도 있다는 말이다. 오히려 은행에 넣어놓고 그냥 저리 이자를 꼬박꼬박 빼먹는 것보다 못할 수도 있다.

임차인이 임차료를 내지 못하는 상황이 된다고 하면 임차인은 절대 그냥 나가지 않는다. 그 상황이 오면 관리비도 내지 않으며, 전기세도 수도세도 내지 않고 장사를 한다. 보증금을 다 까먹어도 절대 그냥 나가지 않는다. 임대인으로서는 명도소송을 해야 한다. 임대인으로서는 억울하니 임차인을 감정적으로 대하면 그것이 화가 되어 거꾸로 형사

소송으로 이어질 수도 있다.

그럼 그동안 한 푼도 임차료는 받지 못하며, 은행 이자는 꼬박꼬박 내야 하며, 또한 임차인을 내보냈다고 해도 다시 임차인을 구해야 하는데 그것조차 쉽지 않을 것이다.

그것이 내가 은퇴 후에 이루어진 일이라고 생각하면, 또한 그 임대료를 받고 생활하는 사람이라고 하면, 생활비도 없을 뿐더러 소송비용에, 철거 비용에 맘고생만 지독하리라. 은퇴 후에 편안하게 생활하려고 월세가 꼬박꼬박 나오는 수익형 부동산을 구입을 했는데 오히려 그것이 은퇴를 우울하게 만들 수가 있다. 나는 은퇴 후에 수익형 부동산을 직접 투자하지 않는다. 오히려 수익형 부동산은 주식보다도 더 위험할 수가 있다고 생각한다.

요즘 부동산도 간접투자로 넘어가고 있다. 그것이 리츠(REITS)인데 한국도 리츠가 생겼다. 한국 리츠는 대부분 분기 배당을 준다. 월 배당이 별로 없다. 그러나 미국 리츠는 월 배당을 주면서 수익률이 연 5% 이상 주는 것이 많다. 최근에는 한국에 상장된 리츠로 구성해서 월 배당 ETF도 생겼다. 리츠부동산인프라가 그것이다.

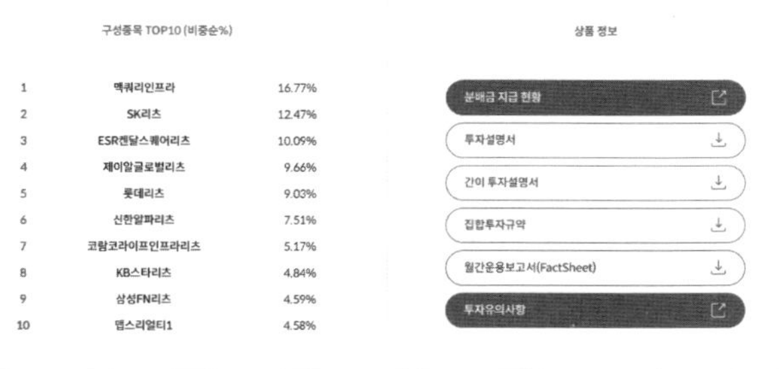

구성종목 TOP10 (비중순%)		
1	맥쿼리인프라	16.77%
2	SK리츠	12.47%
3	ESR켄달스퀘어리츠	10.09%
4	제이알글로벌리츠	9.66%
5	롯데리츠	9.03%
6	신한알파리츠	7.51%
7	코람코라이프인프라리츠	5.17%
8	KB스타리츠	4.84%
9	삼성FN리츠	4.59%
10	맵스리얼티1	4.58%

출처 미래에셋 자산운용

152

수익형 부동산을 생각하는 사람이라고 하면, 특히 퇴직 후에 월세가 나오는 부동산을 생각하는 사람이라고 하면, 직접 수익형 부동산을 구매하는 것보다 간접 부동산 투자 방식인 리츠를 고려해야 한다고 생각한다.

실물 부동산에 투자한다고 하면, 중계 수수료 비용도 만만치 않을 것이다. 투자금액이 모자라면 대출을 받을 수밖에 없다. 그러나 간접투자 방식인 리츠를 사게 되면, 수수료도 적을 뿐만 아니라, 내가 투자 할 수 있는 금액만큼 투자하게 되니 대출 없이도 투자가 된다. 나는 수익형 부동산은 직접투자보다는 간접투자를 하는 것이 더 좋다고 생각한다.

내가 산 부동산이 공실이 생겨 팔리지도 않고, 임대료도 들어오지 않고, 오히려 은행 이자가 나가는 상황이 생기면 끔찍할 것이다. 그러나 간접투자 방식인 리츠는 운용사에게 수수료를 주더라고 매월 임대료 들어오듯이 꼬박꼬박 분배금이 들어오니, 설사 그 리츠 가격이 내리더라고 내가 언제든지 팔 수 있기 때문에 오히려 간접투자가 더 좋다고 생각한다.

나도 정년퇴직이 다가오니, 노동 수입이 곧 절벽이 될 것이다. 월급의 일정부분을 월 배당금이 들어오는 미국 리츠(REITS)를 조금씩 사는데 쓰고 있다. 한국 리츠는 분기 배당이 많다. 나는 월급 생활을 많이 해서 그런지 월 배당을 선호한다. 매월 받은 배당이 한국 사람들의 평균 급여금액의 333만 원 초과한다고 하면 국민연금과 함께 은퇴 후에 살아가는 데 충분하다고 생각한다. 리츠는 수수료가 있지만 적은 돈으로 투자할 수 있고, 얼마든지 원하면 팔 수가 있다. 적은 돈으로도 빚 없이 살 수 있으니 부동산으로 노후를 준비한다고 하면 오히려 상가나 오피스텔 원룸보다는 리츠가 더 좋지 않을까 생각한다.

리츠는 이익의 90%를 투자자들에게 배분해야 한다. 기업은 이익이 나도 투자자들에게 배당을 주지 않고 현금으로 쌓아 두는 기업들이 많지만, 리츠는 법으로 이익의 90% 이상 투자자들에게 배분해야 하니, 직장인이라면 부동산 직접투자보다는, 즉 직접 상가를 사거나 오피스텔를 사서 월세를 받는 것보다 간접투자 방식이 정신건강에 좋을 것으로 생각한다.

대부분 미국 리츠는 월 배당이며 검색해 보면 배당률도 한국보다 좋으니 미국 리츠가 유리하다고 생각한다. 5% 이상 배당을 주는 미국 리츠가 많다. 주가가 하락하더라도 배당만 꾸준히 준다고 하면 제2의 월급으로 노동 수익이 없어도 살아가는 데 지장은 없을 것이다.

돈에 대한 투자

외화

　돈에 대한 투자는 돈으로 돈을 사는 것이다. 즉 원화로 달러를 사거나 엔화를 사거나 달러로 원화를 사는 것이다. 환치가 돈에 대한 투자다. 환차익으로 인한 돈은 세금이 없다는 것에 가장 큰 장점이 있는 것 같다. 돈에 대한 투자 핵심은 사고파는 수수료에 있다. 은행은 스프레드가 1.5%지만, 증권사는 1%다. 그 스프레드에 은행은 우대율을 90%까지 해주고, 증권사는 95%까지 해준다. 증권사마다 다르고 환전하는 시간도 각각 다르다. 1달러에 1,200원을 기준으로 3원 이상의 차이가 나면 돈으로 돈을 버는 것이다. 여기에 세금이 없다는 것이 가장 큰 장점이다.

달러 투자는 박성현의 『나는 주식 대신 달러를 산다』를 읽어보면 자세히 알 수가 있다. 이분은 여행을 가려다 취소되어 다시 달러를 원화로 환전하면서 우연히 발견된 환차익이 이 사람한테는 경제적 자유를 찾아줬다. 우연한 발견에서 그냥 놓치지 않고 그것을 파고들어 경제적 자유를 달성해서 책을 쓰고 또한 강의까지 해서 돈을 벌고 지금은 사업을 하고 있으니 환치기는 이분한테는 큰 기회가 됐으며 지금은 많은 사람이 따라 하는 것 같다.

주식이 무서워서 또는 부동산이 무서워서 투자를 못 하고 은행에 돈을 넣어두고 생활하는 사람들에게 딱인 투자다. 돈으로 돈을 사는 것이다. 일단 그 돈이 어디 가지 않고 얌전히 있으니 제법 괜찮은 투자가 아닌가? 그러니 수수료만 적다면 정말 괜찮은 투자가 될 수 있다. 특히 해외에 많이 다니거나 해외로 유학 간 자녀가 있다면, 달러나 엔화 투자는 꽤 좋은 결과를 보여줄 것이다.

한국 돈과 미국 달러를 동시에 가지고 있는 사람이라면 환율이 내려도 좋고 올라도 좋고 마치 짚신 장수와 우산 장수 같은 것이다. 비가 오는 날은 우산이 잘 팔려서 좋고 해가 쨍쨍한 날은 짚신이 잘 팔려서 좋은 것과 같다.

특히 미국 주식을 하는 사람들은 달러가 있을 테니 현찰로 있는 달러로 달러가 비쌀 때 팔았다가 쌀 때 다시 달러를 사면, 달러가 증가하는 현상이 발생하고 거꾸로 한국 돈으로 달러가 쌀 때 달러를 사고 다시 달러가 비쌀 때 달러를 팔면 한국 돈이 증가하는 현상이 생긴다.

또한 환율이 변동이 없을 때는 한국 돈으로 달러를 산 것이 있다면, 미국 배당주나 외화 RP에 투자를 할 수도 있다. 요즘 외화 RP를 하루만 맡겨도 연 4% 이상 주는 증권사가 있다. 여윳돈이 있다고 하면, 그 여윳돈으로 돈을 사고, 팔면서 돈을 벌 수가 있다. 여기에 세금이 없다는 것이 얼마나 큰 장점인가?

한국에서 한국 돈으로만 생활하는 사람들은 한국 돈만 불리면 되지만, 가끔 여행도 가고 외국에서 추운 한국 겨울을 따듯한 동남아에 가서 생활하는 사람들은 한국 돈만 아니라 달러를 불려도 괜찮은 투자가 된다.

똑같은 것을 먹어도 뱀이 먹으면 독이 되고 소가 먹으면 우유가 나온다. 같은 책을 읽고 투자를 하더라도 사람에 따라 투자 성향에 따라 독이 될 수도 있고 우유가 될 수도 있다.

박성현 님은 지금까지 외화 투자를 발견하고 시행하고 지금까지 단돈 1원도 잃어보지 않았다고 한다. 그러나 급하게 쓸 돈으로 투자하거나 성급하게 남들이 다 하니깐 빚을 내서 시작한 투자는 시작부터 힘들다. 결코 기다릴 수가 없다. 그러다 보니 결과가 시작도 전에 이미 정해져 있다. 기다림을 잃은 투자자들에겐 그저 독이 될 뿐이다.

환전을 하면 1원의 소중함을 알게 된다. 나도 달러 투자를 하면서 1원의 소중함을 알게 되었다. 당장에는 피부에 와닿지 못할 수도 있지만, 환전으로 의미 있는 돈을 만지게 되면, 그때부터 1원의 무게를 절실히 느끼게 된다. 단적으로 한번 사고파는 금액이 1,000만 원 이상이 되면 직접 체감할 수 있는 유의미한 금액으로 다가올 것이다. 환율이 몇 시간 만에 5원에서 10원으로 변동이 될 수 있으니 그 금액에 따라 1만 원에서 10만 원 또는 100만 원까지 단 몇 시간 만에 차이가 생기게 된다.

그렇게 돈으로 돈을 사면서 환율을 보기 시작하면 세계 경제의 흐름도 어느 정도 느낄 수 있게 된다. 환율은 그 나라 경제 상황의 거울이라고 나는 생각한다. 지리적으로 태국이나 베트남이나 거의 같은 지역에 있다. 태국은 2023년 9월 기준으로 1달러에 32바트 정도 한다. 그러나 베트남은 1달러에 24,000동 정도 한다. 한국은 1달러에 1,340원 정도 한다. 전 세계에서 가장 많이 사용되고 있는 돈이 달러이니 달러와 각국의 돈을 비교하여 보는 것도 의미가 있다. 즉 달러와 비교했을 때 그 나라의 돈은 그 나라의 돈의 가치를 말해주며 그 나라의 경제 상황을 많이 반영해주는 것이다.

달러 투자는 어느 투자보다 나는 안정적이라고 생각한다. 나처럼 은퇴 이후, 겨울에는 동남아에서 생활할 사람은 더욱더 좋은 투자라고 생각한다. 환율이 변동이 없거나 장기적으로 하락한 경우에는 여행경비로 쓰거나 동남아에서 생활비로 쓰면 된다. 여행 갈 일이 없으면 다시 환율이 올라올 때까지 외화 RP에 넣어 두면 된다. 또는 미국 리츠나 월 배당 ETF에 넣어 놓으면 되니 얼마나 안정적인가, 외화 RP도 요즘 연 4% 이상 이율을 주니 단돈 1원도 잃을 필요가 없다.

돈도 투자의 대상이니 돈으로 돈을 버는 것이다. 여행하면서 또는 운동하면서 스마트폰으로 잠시 봤는데 환율이 올라 있다면? 그냥 팔면 된다. 팔아서 몇 만원 벌고 세금도 없으니 얼마나 좋은 투자인가?

그러나 여기에서 관건은 사고, 파는 수수료다. 스프레드 1%에 95% 할인을 해주는 증권사들이 있으니 3원 이상만 차이가 나면 돈을 벌 수 있는 것이다.

일정하게 현금 흐름을 만들 수가 없는 것이 단점이긴 하다. 나는 그래서 3347 투자 법을 만들었다. 30% 한국 월 배당주, 30%는 미국 월 배당주 나머지 40%의 현금으로 달러나 원화를 사고, 파는 것이며, 여기에 나오는 수익금으로 꾸준히 한국 월 배당주나 미국 월 배당주를 사고 있다.

미국 또는 한국 월 배당주에서 일정한 배당금이 나올 때까지 꾸준히 할 생각이다. 3347 투자법은 내 블로그에 자세히 쓰여 있다.

관련 블로그 주소 링크
https://blog.naver.com/dokdokim/222795136536

직장인이 샘물을 판다고 하는 것은 직장에 있는 동안 가능한 젊었을 때, 내 노동 수입을 비근로소득으로 전환해 두는 것이다. 미리 파이프라인을 만들어 미래의 "나", 즉 지치고 힘이 없는 나를 위한 대비책이 되는 것이다. 젊을수록 빨리 시작하는 것이 좋다. 대부분 직장인은 연봉이 오르면 오를수록 소비도 증가하기 때문에 저축을 많이 할 것 같은데 실상은 전혀 그렇지 않다. 소비 증가의 여러 가지 원인이 있겠지만, 그중에서 가장 많이 들어가는 것이 주거비용과 자녀들 사교육비다. 이런 것들을 줄여 근로소득 단절에 대비해야 한다.

나도 50이 넘어서야 책을 읽으면서 알아갔다. 주변 지인들과 이야기해 보면, 그들도 나와 크게 다르지 않았다. 비근로소득 만드는 것은 사실상 몇 개가 안 된다. 주식의 배당 소득, 채권의 이자, 부동산 임대 소득 등 직장인이 할 수 있는 것이 사실상 이것이 전부일 것이다.

책이나, 블로거, 유튜버, 음반 소득은 특수한 사람만 해당하니, 내가 할 수 있는 것은 사실상 주식, 채권, 부동산 투자가 전부이다. 그러나 부동산은 투자금액이 많고, 대출이 들어가고 불확실성이 크니 부동산을 제외한다면, 사실상 주식과 채권밖에 없다. 또한 환차익으로 해서 돈을 벌 수도 있다. 그러나 환치기는 어느 정도 돈이 있어야 하며, 의미 있는 환치기로 돈을 벌려면 금액이 커야 한다. 돈이 모이면 돈이 돈을 버는 구조를 만들어나갈 수가 있는 것이다.

6장. 주택에서의 생활

일부는 자급자족

직접 가꾸는 텃밭

자급자족하던 시대가 있었다. 이제는 자급자족이란 말이 책 속에나 있지 않을까 생각한다. 도시인들은 꿈도 꾸지 못할 것이다. 그러나 내가 한평생 살아가면서, 내가 먹는 일부는, 내가 재배해서 먹고 살아가는 것이 나에게는 또 다른 하나의 재미가 아닌가 생각한다.

주택에 사는 재미 중 하나를 꼽으라고 하면 당연 텃밭가꾸기다. 누구나 한번쯤은 상상해봤을 것이다. 조그마한 자신만의 텃밭에서 직접 채소를 재배해 먹는 것을. 대부분 과정의 고단함 때문에 상상에서 그치기는 하지만, 그 결과의 달콤함에 대해서는 로망을 품고 있다는 말이다. 나는 그런 로망이 한국 사람에게만 있는 줄 알았는데, 겪어보니 세계인들도 다를 바가 없었다. 독일을 가봐도, 이테리를 가봐도 조그 마한 텃밭에 채소를 키워 먹고 있었다.

한번 사는 인생이다. 내 먹거리 전부는 아니더라고 일부 정도는 내 가 직접 조달해서 먹어야 나도 생산하는 재미를 느껴볼 수 있지 않겠 는가? 그리고 사 먹지 않으니, 그 돈이 고스란히 절약된다. 내가 먹을 내 먹거리라서 따로 농약도 안 쓰고 유기농으로 재배한다. 단연 신뢰 할 수 있는 건강한 먹거리가 된다. 시장 제품들은 비교조차 안된다.
새도 다람쥐도 거의 모든 동물은 자기 먹거리는 자기가 조달해서 먹는다. 동물들은 농사를 짓지 않기에 자연에서 먹이를 구해 먹는다. 그러나 인간은 농사를 통해 더 많이 생산해내고, 자급자족을 떠나 잉 여 생산물을 판매한다. 또한 인간이 발명한 위대한 돈이 있기 때문에 내가 농사를 짓지 않아도 돈을 통해서 사 먹을 수 있다. 내 유전자는 특이하게도 새나 다람쥐처럼 내 먹거리를 내가 직접 조달하길 바라 고, 나를 자극한다. 그렇기에 나는 나의 먹거리 일부를 조그마한 텃밭 을 통해 먹고 있다. 1평에서 5평 이내의 주택의 땅만 있으면 거의 모 든 채소가 가능하다.
고추는 3개만 심으면 된다. 고춧가루를 만들 것이 아니면 풋고추는 충분하게 따먹고 남는다. 가지, 오이 두 개 정도 심으면 충분하다. 상 추나 각종 채소는 1평 이내면 넘쳐난다. 그 정도면 내가 먹고도 남을 주기 바쁘다.
또한 조그만하게 비닐하우스를 만들어 가을에 상추씨를 뿌리면 겨 우내 견딘 상추가 이른 봄에 기지개를 켜게 된다. 왕성하게 상추가 자 라나니 새싹이 올라오는 시기에 일찍 상추를 먹을 수 있다.
땅이 좁다고 하면 수직으로 올려서 농사를 짓는 방법도 있다. 요즘 유튜브가 농사짓는 것도 잘 가르쳐 주니 조그만 땅만 있으면 즐겁게 농사를 지을 수가 있다.

주택에 살면서 사계절 내내 즐거웠다. 봄이 오면 새싹이 자라는 모습만 봐도 즐겁고, 여름이 오면 풍성한 녹음을 보며 즐거웠고, 가을이 와서 주변에 열매가 익어 가는 것만 봐도 푸근했다. 그래서 겨울은 사치스러울 정도였다. 군고구마 먹으며 차 한잔을 기울이면, 아무런 이야기가 없어도 그저 하루가 행복했다.

나는 일부를 몸을 놀린다. 자급자족하면서 생명의 신비를 느낀다. 겨우내 꽁꽁 얼었던 땅에서 봄이 되면 파릇파릇 돋아나는 새싹만 보더라도 이미 배가 부르다. 잘 보이지 않는 씨가 자라서 열매를 맺히는 것을 보며 경이로움을 느낀다.
생명의 신비, 자연의 경이로움.
겨울에 아무것도 없었던 땅에서 봄이 되면 올라오는 생명의 신비.

주택에 살면 느낀 맛 주에 가장 경이로운 맛이 아닌가 생각한다.

노후의 삶

노후의 삶은 어디가 좋을까 나는 많이 고민해봤다. 공동주택에서의 삶이 좋을까? 아니면 단독주택에서의 삶이 좋을까? 답은? 사람마다 취향이 다양하니 공동주택에서 생을 마감하는 사람도 있을 것이고 나처럼 단독주택을 선호하는 사람도 있을 것이다.

흥미로운 조사가 결과가 있었다. 어디서 생을 마감하고 싶냐는 조사에서 전체 50% 넘는 사람들이 자신의 집에서 죽고 싶다고 했다. 안타깝지만, 현실은 병원이나 요양원, 양로원 등에서 생을 마감할 가능성이 높다. 요즘은 자식이 노부모를 모시고 산다는 것을 상상도 못할 것이다. 나도 자식과 같이 살 생각이 없고, 자식 또한 노인 부모를 모시면서 산다고 하면, 경제적으로나 여러 면으로 불편할 것이다.

노인인구가 급증하니 요즘 유치원보다는 노인 대학, 노인 놀이시설이 과거 유치원 시설에 들어서는 것을 종종 목격하게 된다. 눈치 빠른 대학들도 돈벌이를 위해 노인들을 위한 실버타운을 만들고 있다고 한다. 특히 대학병원을 가지고 대학들은 매년 줄어드는 대학생보다는 은퇴한 돈 많은 노인들이 더 반가울 수밖에 없다. 그렇다보니 아무래도 돈의 여유가 있는 사람들은 실버타운으로 들어가길 바란다.

도시를 벗어난 지역에 형성된 실버타운은 자식들이 찾아오기 힘들다. 또 도시 생활에 익숙해진 사람들은 도시 외곽에 자리잡은 실버타운이 외로움만 안겨줄 수도 있다. 그래서 서울의 도시 한복판에 병원 서비스를 바로 받을 수 있는 곳에 실버타운을 만들어 운영한다. 보증금이 9억 정도며, 한 달에 500만 원 정도를 내야 하니 웬만한 사람들은 엄두조차 못 낼 수준이다. 집 안 청소가 호텔처럼 제공되고, 세 끼 식사가 제공되고, 바로 의료서비스가 된다. 그러나 많은 중산층 노인들은 그런 시설을 상상 속에서만 접할 뿐이다. 돈 있는 노인들은 그런 시설에 사는 것이 좋을 수 있을 것이다. 그동안 벌었던 많은 돈을 병원시설들이 만들어 놓은 데서 편안히 쓰면 되니까. 그러나 중산층 이하의 사람들, 그런 시설에 가지 못하는 사람들은 여러모로 어렵다. 도시에 산다는 것이 오히려 많은 고통을 안겨줄 수도 있다는 말이다.
도시에서의 삶은 돈이 없으면 죽음이다.

블루존이라는 세계적으로 장수하는 사람들이 사는 곳을 보면 대부분 도시의 외곽에 살고 있으며, 특히 오키나와 사람들의 삶은 우리의 시골 마을에서 사는 것과 별반 다르지 않다. 텃밭이나 주택에서 여러 가지 일을 통해 생활 속에서 움직이며 살며, 90이 넘어도 신체적으로 왕성한 활동을 한다. 그들의 먹거리는 채식 위주의 식생활이다. 또한 생활 속의 운동, 특히 걷는 것을 멈추지 않는다.

나이가 들어 살기 좋은 곳은 외딴 시골의 전원주택 같은 게 아니다. 나이 들어 내가 살고자 하는 곳은 마을이 있는 시골의 단독주택이다. 나이 들어 이웃은 오히려 자식이나 형제·자매들보다 좋은 동반자가 될 수 있다. 공동주택은 그런 교류가 없다. 생활 속의 움직임이 있어야 하며, 즉 할 일이 있어야 하며, 텃밭은 통한 건강한 먹거리를 만들어 먹고 내가 살아가는 목적이 있어야 한다. 조그만 힘이라도 이웃을 위해, 마을를 위해 나라를 위해, 또는 나보다 나이 든 사람을 위해 내가 할 수 있는 일이 있어야 하며, 목적의식이 있으면 90이 넘어가도 왕성한 신체활동을 할 수 있다고 생각한다. 오키나와 또는 코스타리카의 장수 마을을 보면 병원과 멀리 떨어져 있으며, 의료 서비스가 없으며, 콜레스테롤, 혈압약, 당뇨약 등을 전혀 먹지 않는다.

나는 『조화로운 삶』의 저자 닐 스코링에서 답을 찾았다. 어쩌면 성향이 비슷한지도 모르겠다.

스코링은 뉴욕의 도시를 떠나 버몬트 숲속에서 살면서 병원을 가지 않고 건강하게 100세 이상 삶을 살았다. 그 시대가 1930년이다. 그 시절에 100세 이상 살았으니 정말 장수한 것이다.

노후에는 도시 병원에 가까운 곳에 살라고 사람들은 말한다. 나는 동의하지 못 한다. 나는 오히려 병원과 떨어져 살아야 한다고 생각한다. 장수 국가 중의 하나인 오키나와의 섬이 있다. 이 사람들의 삶은 집에 텃밭이 있고, 끊임없이 움직인다. 병원 가까운 곳에서 사는 게 아니라, 먼 곳에서 끊임없이 움직인다. 자기 집의 조그마한 텃밭에서 건강한 먹거리를 만들어 먹는 사람들이다.

노후의 건강한 삶

요즘 의료 장비가 좋으니 병원에 가면 웬만한 것은 다 찾아내니 오히려 걱정거리를 만들어 낸다.

암 환자가 도시를 떠나 자연과 더불어 살면서 암이 완치됐다는 기사도 가끔 본다.

도시의 공동주택의 삶은 직장을 다니기에 어쩔 수 없이 살지만 나는 평생 공동주택에서 산다고 하면 끔찍할 것이다. 주택에서의 생활은 움직일 수 있는 공간이 많다. 내가 하자고 마음먹으면 어떤 일도 할 수가 있다. 그러나 공동주택은 움직임에 제한이 있다. 나이가 들수록 소파만 찾는다면 병에서 자유로울 수가 없을 것이다. 앉거나 눕는 대신 조금이라도 움직이면 건강한 삶이 되지 않을까 생각한다. 아파트는 오로지 소비의 공간이다. 그러나 주택은 생산도 한다. 많은 것은 아니지만 내가 먹거리 일부를 직접 재배해서 먹을 수 있으니 생산도 한다. 병원에서 멀리 떨어져 살고 노후에도 끊임없이 움직이며 살아가려면 나는 공동주택보다는 병원에서 멀고 많이 움직일 수 있는 주택이 좋다고 생각하기에 노후의 삶도 주택에서 살 것이다.

생로병사를 피해간 사람이 지금까지 어디에 있을까? 아무도 없을 것이다. 죽기 직전까지 이시형 박사가 이야기한 것처럼 90이 넘어도 내 발로 걸어 다니고 내가 할 수 있는 것은 내가 하겠다는 자세가 필요하다. 90이 넘어도 왕성한 신체활동을 할 수 있다고 하면 어디에 살아도 상관은 없겠으며, 왕성한 신체활동을 하게 만드는 것은 생활 속에 끊임없이 움직임이 있어야 하며 건강한 먹거리를 먹어야 한다고 생각한다. 아무래도 병원에 가까우면 조금만 불편하면 바로 의료 서비스를 받고, 조금만 혈압이 높아도 의사의 처방전을 받고 바로 약을 먹을 가능성이 크지 않은가? 그렇기에 나는 의료 서비스를 바로 받는 것이 꼭 좋다고는 생각하지 않는다.

죽기 직전까지 움직일 수 있게 몸을 만드는 것이 중요하다고 생각한다.
그렇기에 나의 노후의 주거 선택은 병원과 멀어지고, 움직일 수 있는 공간이 있는 도시가 아닌 지방 마을이 형성된 단독주택을 선택할 것이다.

건강한 삶

　건강한 삶은 건강한 먹거리에서 나온다. 나는 55세가 넘어 채식을 시작했다. 그전까지 나의 먹거리는 다른 사람과 크게 다르지 않았다. 한국 사람은 누구나 삼겹살을 좋아하니 나도 그랬고, 삼겹살에 소주 한 잔이면 그만한 행복도 없었다. 그러나 내 몸이 여기저기 아프고, 고장이 나면서부터 생각이 조금씩 달라졌다. 때마침 우연히 넷플릭스의 〈더 게임체인지〉를 보게 됐다.

　채식하는 사람들이 지치지도 않고, 힘도 세고 근육도 더 많다는 것에 놀랐다. 거의 모든 사람이 채식한다고 하면 걱정하는 것이 "그럼 단백질 섭취는 어떻게 하세요?"라고 물어본다. 그만큼 우리는 이미 고정관념이 박혀있다. 단백질이라고 하면 으레 육류를 생각하게 된다. 그러나 단백질을 만드는 아미노산은 오히려 식물성에 풍부하게 포함되어 있다. 옥수수, 콩, 호박이면 우리가 섭취할 수 있는 충분한 단백질을 얻을 수 있다. 미국의 재림파 사람들도 식단이 채식이다. 그들도 장수하는 사람들 중의 하나다. 건강한 삶은 건강한 먹거리에서 나온다고 나는 생각한다. 반드시 채식이 아니라도 신선한 먹거리를 먹는다고 하면 건강한 삶으로 이어질 것이다. 현대인의 스트레스는 말도 못 한다. 건강한 먹거리를 먹고, 스트레스를 해소하고 적당한 운동으로도 얼마든지 건강하게 살 수 있다고 생각한다.

　요즘은 사람들이 건강 염려증에 걸리지 않았나 싶다. 혈압이 얼마면 정상이다, 콜레스테롤 수치가 얼마여야 한다, 혈당이 얼마가 되어야 정상인지, 아닌지, 모르는 사람이 거의 없을 정도다.

건강 상식이 일반화가 되어 있어서 조금만 혈압이 높아도 건강 염려증 때문에 잠을 이루지 못한다. 아마 병원 가서 혈압이 조금이라도 높으면 의사는 혈압약을 처방할 것이다. 나이와 무관하게 정해진 혈압이 있다. 최고혈압 140이다. 나는 60세 이상의 나이에 20대 피부처럼 안 보이니 피부 청결제를 처방해 주는 의사는 본 적이 없다. 극단적인 예를 들었지만, 60이 넘어간 사람이 어떻게 20대의 피부와 같을까? 우리의 혈관도 같지 않을까? 60년 동안 써온 혈관과 20대의 혈관이 같을 수는 없다. 나는 의사가 아니니 그 이유는 정확히 모르겠으나, 고혈압 약을 처방하는 것은 아마 뇌 속에 혈관이 터지는 뇌출혈 때문이 아닌가 짐작해 본다. 그러나 혈압을 낮춰 놓으면 또 다른 문제가 생길 가능성이 크다. 우리 몸은 피를 구석구석 보내야 한다. 온몸에 피를 돌게 해야 한다. 나이가 들어 쭈글쭈글해진 혈관을 통해 온몸에 피를 보내려면 상식적으로 혈압이 높아야만 되는 것이 아닌가? 젊은 사람의 혈관이라고 하면 깨끗하니 혈압이 낮아도 온몸에 피를 보내겠지만, 노인의 경우에는 우리 몸이 필요해서 혈압을 높이는 것이라고 본다. 그런데 약을 통해 혈압을 인위적으로 낮추게 되면, 온몸에 피를 보내지 못하게 되니 특히 뇌로 가는 피가 적어지면 또는 흐름이 좋지 않게 되면 뇌경색이 되지 않을까? 아는 지인들 중 부모님이 병원에 입원했다는 사람들을 보면, 뇌출혈보다는 뇌경색으로 입원했다는 사람들이 더 많다.

마쓰모토 미쓰마사의 저서 『고혈압은 병이 아니다』 책만 보더라도 고혈압에 대한 많은 이해가 될 것이다.

현대 의학은 내과, 외과, 신경, 안과, 피부과 등등 세분화 되어 있다. 때문에 여기저기 아프기 시작해서 처방전대로 약을 모두 먹게 되면 한 번에 약을 한 주먹이나 먹게 될 수도 있다.

원인을 제거하지 않고 발병한 현상만 치료하게 되면, 그리고 그 생활 습관이나 먹는 것이 변하지 않는다면, 다시 똑같은 병이 생길 가능성이 크지 않을까? 혈압이 높으면 분명 이유가 있을 것이다. 나이, 몸무게, 당뇨, 우리 몸은 상식적으로, 복합적으로 작용한다. 한 가지가 높다고 그것만 줄여주는 약을 쓰면, 그 한 가지는 해결이 되겠지만, 몸의 다른 부분에서 또 다른 나쁜 신호를 줄 가능성이 크다.

전 세계에서 가장 많이 팔리고 있는 약이 콜레스테롤 관련 약이라고 한다. 나이에 상관없이 콜레스테롤 약을 먹는 것 같다. 나도 콜레스테롤이 높다. 총 콜레스테롤이 230에서 250을 왔다 갔다 한다. 의사는 보약처럼 생각하고 평생 먹으라고 권고한다. 즉 200 이하로 낮추라고 하는 것이다. 이제 한국 사람들 LDL이 나쁜 콜레스테롤, HDL이 좋은 콜레스테롤 그리고 콜레스테롤은 200 이하가 정상이라고 의사가 아닌 일반 사람들의 머리에도 고정관념이 생겼으며, 모르는 사람이 거의 없을 정도다.

콜레스테롤 수치가 조금만 높다고 하면, 병원에서 콜레스테롤 약처방전을 받을 것이다. 평생 먹어도 괜찮으니 보약처럼 평생 먹으라고 한다. 그러나 왜 혈압이 높은지 왜 콜레스테롤이 높은지 원인은 잘 가르쳐 주지 않는다. 나는 채식을 한 지 3년이 넘어가는데도 콜레스테롤 수치는 떨어지지 않는다. 나도 콜레스테롤이 정상적인 범주를 벗어났기에 콜레스테롤 약을 먹으라고 한다. 그러나 나는 먹지 않는다. 의사들이 콜레스테롤이 높아서 약을 처방해 주는 이유는 아마 심장병 때문일 것이다. 콜레스테롤이 높으면 심장의 관상동맥을 막아서 쇼크사를 할 수 있으니 그것을 방지하기 위해 평생 먹으라고 할 것이다. 그러나 콜레스테롤이 심장병의 주범이 아니라고 밝혀진 건 이미 꽤 오래전 일이다. 심장병으로 쓰러져서 병원에 온 사람들을 보면 심장의 혈관이 깨끗한 상태로 온 사람도 있다는 것이다. 어떤 의사는 콜레스테롤 약의 부작용도 만만치 않다고 말한다. 뇌를 구성하고 있는 것이 콜레스테롤이고 근육, 신경 등을 감싸고 있는 것도 콜레스테롤이기 때문에 콜레스테롤이 부족하면 치매가 올 수도 있고, 근육통, 신경통 등 심하면 근육도 녹아내릴 수 있다고 한다. 콜레스테롤 약을 처방해 주면서 그런 부작용을 말해준 의사는 지금까지 본 적이 없다. 보약이라 생각하고 평생 먹으라고 한다. 최근의 연구 결과에 의하면 오히려 콜레스테롤이 170 이하인 사람보다 230에서 250 사이의 사람들이 더 건강하게 산다고 한다. 내 몸에서 콜레스테롤이 높은 이유가 분명히 있을 것이다. 콜레스테롤은 간에서 85% 만들어 내니 먹는 것만으로는 조절이 잘 안 된다고 한다. 약을 먹으면 바로 떨어지니 약으로 해결하려 할 것이다. 문제는 그 약에도 부작용이 있다. 몸이 필요하니 콜레스테롤을 만드는데, 그 수치만 약으로 줄이려고 하면 분명 부작용이 따라올 것이다.

병원이 가까운 도시에 살면 병원을 자주 가게 된다. 평상시 아무런 아픈 증상도 없던 사람이 병원에 가서 이것이 높고, 저것이 낮다고 하면 그때부터 근심 걱정거리가 생긴다. 또한 의사의 처방전을 안 따를 사람도 없을 것이다. 그러다 보면 우리는 어느새 각종 영양제에 고지혈증 약, 혈압 약, 당뇨 약 등 한 주먹의 영양제와 약을 먹고 있을 것이다.

스티븐 시나트라의 책 『콜레스테롤 수치에 속지 마라』만 보더라도 콜레스테롤은 우리 몸의 적은 아니며, 우리 몸의 친구임이 틀림없다. 한때 심장병의 주범은 콜레스테롤이라고 의심을 했었다. 그러나 지금은 그 의심이 풀렸는데도 불구하고 콜레스테롤을 적으로 만들고 있는 것 같다.

안드레아스 모리츠의 책 『암은 병이 아니다』도 있다. 암은 우리의 몸을 지키기 위한 최후의 보루이지 우리 몸을 파괴하기 위해 있는 것은 아니라고 한다. 또한 환경이 개선되면 암은 저절로 없어진다고 한다.

곤도 마코토의 책 『유사 암으로 요절하는 사람, 진짜 암으로 장수하는 사람』에 보면 유방암의 80%가 유사 암이라고 한다. 암을 잘라내도, 아무것도 하지 않아도 생존율은 같다고 한다. 그러나 암이라 하면 누구나 다 수술을 할 것이다. 곤도 마코토의 의하면 수술을 하나 안 하나 생존율이 거의 같다고 이야기한다. 오히려 수술을 안 하면 더 살 수도 있다는 것이다. 80세가 넘으면 누구나 거의 암이 있다고 한다. 만약 80세 넘었는데 암이 있다고 하면 수술을 할 것인가 아니면 암과 동행을 할 것인가, 나는 동행을 할 것이다. 그러나 주위 사람들은 수술을 권할지도 모르겠다.

버나드 젠센의 책 『더러운 장이 병을 만든다』에서 보면 장만 깨끗하게 관리해도 웬만한 질병은 다 사라진다고 한다. 당뇨 약을 먹기 전에 장 청소 먼저 하고 그래도 당뇨가 있으면 당뇨 약을 처방받으라는 것이다. 장에 유해균을 제거하고 유익균을 늘리면 건강하게 살 수 있다는 것이다.

하비 다이어몬드의 책 『다이어트 불변의 법칙』, 『나는 질병 없이 살기로 했다』 등등을 보면 채식 위주의 건강식을 먹으면 살찌지 않고 건강하게 살 수 있다고 한다.

또한 그동안 우리는 얼마나 저염식에 세뇌가 되었을까? 김진숙, 장진기의 저서 『짠맛의 힘』을 보면, 저염식으로 만성병으로 시달리다 소금 간을 해서 맛있게 먹으니 만성병이 개선되었다고 한다.

제임스 디나콜란토니오의 저서 『소금의 진실』을 보면 소금은 우리 몸에 반드시 필요한 것이며, 소금이 없으면 죽음에 이를 수 있다고 한다. 병원에서 가장 많이 쓰는 것이 소금물 아닌가? 식염수는 0.9%의 소금물이다. 식염수를 혈관에 주사하면 힘없던 사람도 다시 원기를 회복한다.

나는 내가 젊을 때 고생하며 힘들게 번 돈을 늙었다고 병원에 다 가져다주고 싶지는 않다. 이시형 박사처럼 90세 이상까지 내 다리로 걸어서 다니고 싶다. 병원 침대에 누워서 내 생을 마감하고 싶지 않다. 80세가 넘으면 병이 없는 사람이 어디 있겠는가? 누구나 병이 있을 것이다. 사는데 특별히 불변하지 않으면 나는 병과 더불어 살아갈 것이다. 팔다리가 부러지거나 외상을 입었다면 병원을 가야겠지만, 그런 경우가 아니라면 병원에서 불필요한 검사를 받고 스트레스를 받을 필요는 없다고 본다. 그러니 팔다리가 자주 부러지지 않는다면 병원을 굳이 가까이에 두고 살 필요는 없다.

내가 생각하는 건강한 삶은 매우 단순한 형태다. 채식 위주의 신선한 먹거리와 생활 속에 운동이 있어야 한다. 이 두 가지만 바탕이 되어도 충분하다. 걷고, 텃밭을 가꾸고, 나이 90이 넘어도 내 손발로 움직이는 삶. 여기에 한 가지만 더 더하자면, 삶의 목적의식이다.

삶에 목적의식이 있어야 한다. 내가 살 가치가 있다는 생각을 가져야 한다. 즉, 주변의 이웃들에게 도움을 줄 수 있는 생각, 주변 사람들에게 필요가 있는 사람이 되어야 한다는 생각이 중요하다. 내 삶을 통해서 남을 돕거나 조그만 것 하나라도 보탬이 되겠다는 생각이 있어야 주변의 이웃과 동행하며 건강한 삶을 살 수 있다.

그러나 생로병사를 누가 피해 갈 수 있을까? 죽음이 다가오면 즉 내가 집밖으로 출입을 못하고 침대에서 벗어나지 못한다면 나는 죽음이 다가왔다고 생각하고 죽음을 준비해볼까 한다. 나이 많은 스님이 준비한 것처럼, 닐 스코어링이 준비한 것처럼, 한국의 시인 김학철님이 준비했던 것처럼. 때가 되면, 곡기를 끊고 20일이 지나 간호사 불러 관장을 할 생각이다. 죽기 전에 속을 비워두면, 죽을 때 너무나 깨끗하다고. 남은 사람이 처리할 것이 별로 없다고 한다.

집에서 맞이하면 깨끗한 죽음이 될 것을 병상에 누워서 죽고 싶어도 죽지 못하게 각종 호스로 영양제를 강제 삽입하여 목숨만 붙어있는 삶이 과연 무슨 의미가 있을까? 병상에 누워서 목숨만 붙여 놓으면 그동안 벌었던 모든 돈이 병원으로 흘러가게 된다. 연명치료를 안 하겠다고 사인한 사람도 의사들이 이야기하는 연명치료와 개념이 또 다르고, 가족 중에 한 사람만 반대해도 결국 정작 당사자는 원하지 않지만, 연명치료를 할 수밖에 없게 된다. 자기가 죽음이 어느 정도 왔다는 것을 알 때는 곡기를 끊어 아름답게 죽는 사람도 있겠지만, 텃밭이 딸린 밭에서 왕성하게 움직이며 일하다 죽는 것도 어쩌면 깨끗한 죽음이 될 수 있을 것이다. 나는 건강한 삶은 아름다운 죽음으로 연결될 수 있다고 믿고 있다.

주택의 변신

주택 건설

　단독주택은 얼마든지 변신할 수 있다. 공동주택은 오로지 주거로만 사용하지만, 주택은 마음먹기에 달렸다.

　화초 가꾸기를 좋아하는 사람은 요즘 유행하는 유리온실을 만들어 좋아하는 화초를 키울 수 있다. 또한 겨우내 신선한 채소도 먹을 수 있다. 남자들의 로망인 취미 공간도 만들어 목공작업도 할 수 있다. 주택의 변신은 무궁무진하다. 또한 사업에 관심이 있는 사람이라면 요즘 인터넷 무자본 창업을 할 수 있으니 창고가 필요하면 얼마든지 창고를 만들어 물품을 보관해도 된다. 주택이니, 사업자 내기도 쉽다. 퇴근하고 얼마든지 내 취미생활을 할 수가 있다.

주택은 반려동물 키우는 것도 아파트보다 훨씬 수월하다. 마당에 풀어놓은 채로 키워도 된다. 애완동물 좋아하는 사람도 아파트보다는 단독주택이 훨씬 편하고 좋다.

1층엔 사업자를 내고, 2층엔 내가 사는 집을 만들고, 얼마든지 변신을 할 수 있기에 주택은 단지 주거의 개념만이 아닌, 사업과 취미 공간, 숙식 공간 등 다채로운 변신을 할 수 있다.

1인 창업이 쉬운 세상이다. 택배 시스템도 잘 되어 있고, 스마트스토어를 통해서 실제 내 점포가 없어도 아파트에서도 사업자를 내고 사업할 수가 있다. 그런데 주택은 그런 면에서 아파트보다 훨씬 더 최적화되어 있다. 손재주가 좋은 사람은 직접 만들어서 인터넷을 통해 팔거나, 또는 주택 이외의 밭이 있다고 하면 유기농으로 건강한 먹거리를 재배해서 판매할 수도 있다.

스티브 잡스처럼 큰 회사는 만들지 못하더라도 손재주가 좋은 사람은 만들어 파는 사업도 가능할 것이며, 손재주가 없어도 좋은 사업 아이템이나 좋은 제품이 있다고 하면 수입 판매도 가능하다. 주택에 창고를 만들 수 있으니 얼마든지 가능하며, 많이만 팔린다고 하면 택배 회사들이 모든 시스템을 구축해준다. 그리고 택배비용도 일정한 양이 되면 저렴하게 된다.

사는 지역이 사람들이 관광을 할 수 있는 지역이라 하면, 숙박업도 괜찮다. 에어비앤비 같은 플랫폼을 통해 집 일부를 빌려주고 수익을 낼 수도 있다. 아니, 꼭 돈이 목적이 아니라도 여행을 온 사람들과 교류를 할 수도 있다.

아파트는 우리의 많은 것을 빼앗아 갔다. 우리들에게는 집을 짓고 불을 피우고 사냥을 하는 DNA가 기본적으로 있다. 그리고 요리하고 생활 터전을 가꾸는 DNA도 기본적으로 있다. 그러나 이젠 그런 DNA가 있는 줄도 모르겠다. 집을 손수 짓는 사람이 얼마나 될 것이며, 직접 장을 담글 수 있는 사람이 얼마나 될 것인가? 다들 바쁜 직장인 생활이라 이런 것들은 생각조차 하지 않을 것이다. 그러나 아파트를 떠나서 단독주택으로 오면 오히려 시간이 남는다. 시간이 남으니 이런저런 생각을 하다보면 많은 실험을 하게 된다. 유리온실도 구상해서 짓고, 목공으로 이것저것 만들어 보기도 하고, 정원을 어떻게 예쁘게 꾸밀지 고민도 하게 된다. 즐거운 시간이다.

나는 가끔 지인이 찾아오거나 자식들이 찾아오면 항아리 삼겹살을 해준다.

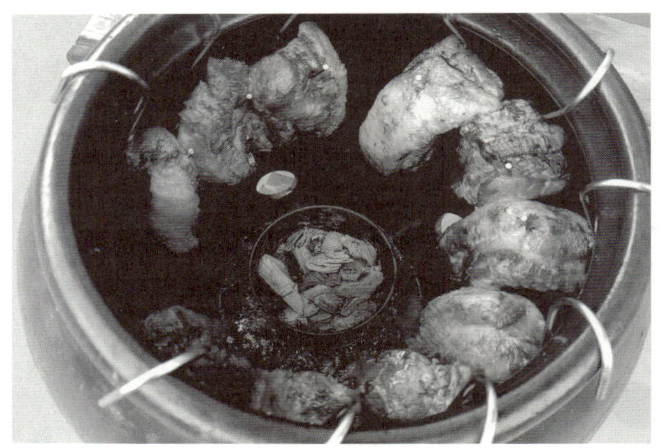

직접 조리하는 항아리 삼겹살구이

정작 나는 채식을 하느라 거의 먹진 않지만, 지인들은 좋아하니 맛있게 항아리 삼겹살을 만들어 준다. 이런 것이 주택에 사는 즐거움이다.

앞으로 전기차가 대세가 된다고 하면 아파트에서는 충전시설이 부족할 것이다. 단독주택은 전기차 충전시설 만드는 것도 얼마든지 가능하니 전기차 시대가 온다고 하면 주택이 충전에 최적화가 될 것이다. 미국은 대부분 공동주택보다는 단독주택이니 전기차 충전시설을 개인 집에 하지만 한국은 대부분 공동주택에 살고 있으니 아무래도 전기차 충전시설이 부족해질 수밖에 없다. 지금은 전기차가 비싸지만, 앞으로 전기차는 지금보다 많이 저렴해질 거라고 생각한다. 처음 카폰이 나왔을 때 매우 비쌌었다. 차에 카폰이 있으면 부자인 시대가 있었다. 지금은 누구나 카폰을 뛰어넘는 스마트폰을 가지고 있다. 물론, 여전히 스마트폰은 비싸다. 그러나 선택에 따라 얼마든지 싼 제품들도 있다. 나는 전기차도 곧 그런 시대가 오리라고 짐작해 본다. 지금은 내연 자동차보다 비싸지만 배터리 가격이 내려간다면 내연 자동차보다 저렴한 시대가 올 것이다.

단독주택에서는 나만의 전기차 충전시설도 만들 수 있다

전기차를 만드는 것도 기존의 자동차 회사만 노력하는 게 아니다. 자동차와 연관이 없던 회사들도 전기차를 만들어서 판매하고 있다. 그러니 머지않아 전기차는 가격이 내려갈 것이다. 또한 배터리 성능도 좋아져서 한번 충전으로 많은 거리를 갈 수 있게 될 것이다.

전기차 공급이 대세가 되는 것과는 달리 충전시설은 여전히 준비가 미비하다. 특히 공동주택은 충전에 취약하다. 지금도 충전시설이 단지 내 충분히 확충되지 않아 충전을 위한 별도의 노력이 필요한 상태다. 굳이 충전하러 딱히 살 것도 없으면서 마트를 간다거나 아니면 충전시설이 있는 다른 곳으로 괜히 이동해야 하지만, 단독주택은 충전시설을 직접 둘 수가 있다. 집 마당에서 여유롭게 충전하고 바로 차를 몰아 나갈 수 있다면, 전기차를 운영하는데 있어 가장 최적화된 환경이 아닐까?

7장. 조화로운 삶

『조화로운 삶』은 헬렌과 닐 스콧이 쓴 책이다. 머리말부터 인상적이다. '시골로 가니 희망이 있었다.'

나는 완전히 헬렌과 닐 스콧처럼 되길 바란 것은 아니었다. 그럴 용기도 없다. 그저 공동주택인 아파트를 떠나서 단독주택에 살고 싶었다. 직장을 다니면서 고가의 아파트를 빚내서 사는 대신 저렴한 도시 외곽 단독주택으로 이사를 함으로써 빚 없이 살 수 있다면, 아파트보다는 저렴한 주거비용으로 생활이 가능해 보였다. 그래서 노후에도 경제적으로 안정적으로 살고, 은퇴 후에는 조금만 더 외곽으로 나가 마을이 있는 전원주택으로 옮겨서 사는 것도 괜찮겠다는 생각이다. 은퇴 후에 바로 전원주택으로 가는 것은 아무래도 모험이다. 그동안 아파트 생활에 몸이 익숙해져서 적응이 쉽지 않을 것이다.

헬렌과 닐 스콧 부부는 자연 속에서 자유로운 시간을 실컷 누리며 생산하고 창조하는 삶을 살았다. 도시를 떠나 채식하며 병원을 가지도 않고 100세 이상의 삶을 살았다. 먹고 사는데 적어도 절반 이상 자급자족한다는 것, 돈을 모으지 않는다는 것, 동물을 키우지 않으며 고기를 먹지 않는 것, 절대 빚을 내지 않는 것. 이런 원칙으로 조화로운 삶을 평생 실천한 분이며, 전 세계적으로 귀농과 채식 붐을 일으킨 장본인이다. 반세기 동안 의사 없이도 건강하게 생활했다고 하면 그 생활 자체가 건강하게 사는 조화로운 삶이 아닐까 생각한다.

스콧 니어링은 100세가 되던 해에, 음식을 서서히 끊음으로써 자신을 붙들고 있던 목숨과 작별을 고했다.

움직이지 못하고 병상에 누워서 눈만 깜박이는 삶이 무슨 의미가 있을까? 죽기 전까지 두 발로 걷다가 죽는 것이 내 삶의 목표다. 누워서 병을 앓으며 무력한 삶을 계속 살아갈 필요가 없다. 요양원에서 이루어지는 긴 사멸의 공포를 느낄 필요도 없다.

이런 의미에서 과연 조화로운 삶이 어떤 것인가 생각해 볼 필요가 있었다.

빚이 있으면 괴롭다

태어날 때는 누구나 벌거벗고 태어났다. 손에 쥔 것도, 아무것도 없다. 자라면서 살기 위해 옷을 입고, 음식을 먹고, 잠을 자야하니 자급자족이 아닌 이상, 부모가 부자가 아닌 이상, 누구나 빚을 지게 된다.

빚지고 싶어서 일부러 빚을 지는 사람은 없을 것이다. 살기 위해 빚을 지는 것일 뿐이다. 집을 사기 위해, 차를 사기 위해, 교육하기 위해, 먹고 살기 위해 빚이 늘어난다.

나는 주택에 살기 때문에 참새들을 관찰할 기회가 많다. 참새들은 저축하지 않는다. 매일 먹이 활동을 한다. 그러나 빚도 없다. 어떤 동물은 저축하는 동물도 있다. 다람쥐 같은 것은 도토리를 땅속에 파묻고 나중에 캐 먹는데, 땅속에 묻은 것을 찾지 못하면, 나중에 싹이 나서 다시 참나무가 자라게 된다. 우리 집 개도 배가 부르면 뼈다귀를 땅 속에 묻는다. 나중에 삭여서 먹으려는 건지 모르겠다. 인간이기에 위대한 발명품인 돈을 통해 저축도 하고, 짐승처럼 죽을 때까지 먹이 활동을 하지 않아도 된다. 또한 돈이 있기에 동물에게는 없는 빚이 있다. 최소한 동물들은 빚 때문에 괴로워서 자살하는 일은 없을 것이다. 그러나 인간은 빚으로 인해 생명을 단축하는 일도 생긴다.

동전의 양면이 있다. 빚 또한 양면이 있다. 현대 사회에 살아가면서 빚 없이 살아가기란 너무 힘들다. 초등학생들도 부모의 카드를 통해서 현금이 아닌 카드를 쓰고 있는 세상에 살고 있다. 빚을 권하는 사회에 살고 있으며, 빚을 질 수밖에 없는 현실 속에서 살고 있다. 현금은 통제라도 되지만, 카드는 통제도 잘 안 된다. 무한정 써도 될 것 같은 느낌을 준다. 돈을 제대로 알기 전에 카드부터 알고, 소비를 먼저 알게 되는 것이다. 요즘 현금을 들고 다니는 사람이 얼마나 될까?

어떤 사람들은 빚을 지렛대 삼아 돈을 벌기도 하겠지만, 어떤 사람들은 빚 때문에 평생 노예처럼 일해야 할지도 모른다. 욕망이다. 욕망이 많으면 그만큼 빚을 질 가능성이 크다. 빚이 있어도 감당이 될 정도라면 괴로움이 경감되겠지만, 감당될 정도가 아니라면 그것만큼 괴로운 것이 없다. 빚의 함정에 한 번 빠지면 벗어나기란 쉽지 않다. 마치 늪지대에 빠져서 나가려고 힘을 쓰면 쓸수록 더 늪지대 속으로 쏙 빨려들어 가는 것과 같다.

참새의 집

나는 가끔 봄이 되면 우리 집 울타리를 본다. 그리고 울타리 전지 작업을 봄엔 잘 하지 않는다. 새집을 본 이후에는 새가 완전히 새끼들은 키우고 떠날 때까지는 안 한다. 한번 울타리 전지작업을 하다가 새 집을 봤는데, 그 이후로 새가 자기 알을 보고도 돌아오지 않아서 봄에 정말 조심하며 되도록 하지 않는다. 새집을 보면 너무 예쁘게 잘 지었다. 누구한테 배웠는지 다들 예술가들이다. 자연의 재료들로 안 떨어지게 정말 잘 지었다. 새들이 우리 집 울타리에 세 들어 살지만 월세도 안 내고 산다. 나도 또한 받을 생각이 없다.

고가의 집을 안사고, 고가의 자동차를 안사고, 교육비에 투자를 덜 한다고 하면 빚에서 조금 자유로울 수가 있다. 출퇴근 가능한 도시 외곽 지역으로 이사를 오면 그런 비용이 덜 들어가기 때문에 빚에서 완전히 자유로울 수는 없지만 그래도 조금 더 자유로울 수가 있다. 서울에 전세가격이면 조금만 외곽으로 나오면 단독주택을 매입할 수가 있다. 빚 없이도 어쩌면 단독주택을 구매할 수 있을지 모른다.

빚에서 벗어나면 직장에서 해고되더라도 살아가는데 빚이 있는 것보다는 훨씬 덜 힘들다.

빚으로 살고 있는 현대인들

코로나19의 유행으로 힘든 사람들이 많았을 것이다. 모든 것이 멈

쳤으니 자영업자, 해고된 사람들, 해고는 되지 않았더라도 월급이 나오지 않았던 사람들이 있었을 것이다. 누가 코로나 팬데믹을 예측한 사람이 어디 있었는가, 그리고 코로나 팬데믹이 이렇게 길게 이어질 줄 누가 알았을까? 아무도 없었다. 코로나 팬데믹이 끝나면 모든 것이 이전으로 돌아갈 줄 알았지만, 기다리고 있던 건 금리 인상이었다. 코로나19 대유행, 인플레이션 잡는다고 저금리에서 갑작스럽게 고금리로 직행할지 누가 알았겠는가? 빚이 많은 사람은 대처할 시간도 없었다. 코로나19로 인해 수입도 줄었는데, 거기에 엎친 데 덮친 격으로 금리까지 올라갔으니 너무너무 힘든 시간이다.

직장에서 해고되어 수입이 없더라도 먹고 사는 생활비는 계속 나가게 된다. 자동차 할부, 아파트 융자금 이자, 아이들 학원비, 삶이 매우 힘들다. 매월 들어온 돈이 있어도 기준 금리가 올라갔으니, 아파트 할부금이 나가고, 학원비가 나가고, 차 할부도 나가는데 매월 들어오는 돈이 없다고 하면, 나중에는 그동안 살았던 내 집이 경매로 넘어가게 될지도 모른다. 이때 만약 빚이 없다고 하면 그래도 그나마 견딜만할 것이다.

과도한 빚은 괴롭다. 도시의 아파트를 빚 없이 살 수 있는 사람이 얼마나 될까. 대부분 직장인은 빚을 이용해서 집도 사고, 레버리지를 일으켜 투자도 할 수 있지만 감당할 수 없는 빚은 그저 괴로울 뿐이다.

나는 차도 오래된 중고차다. 어차피 새 차도 사는 순간 중고차이기 때문에 나는 요즘 젊은이들이 이야기하는 하차감에는 관심이 없다. 오르지, 출퇴근하는 데 문제없고, 고장이 없으면 된다. 요즘 중고차 싸고 좋다. 어찌하다 보니 나는 중고애호가가 되었다. 그만큼 절약하고 아낀다는 것이다.

분수껏 살라는 말이 있다. 분수를 모르면 결국 빚의 함정에 빠질 가

능성이 크다. 남이 알아주지도 않는 과시욕 때문에 빚의 함정에 빠질
가능성이 크다. 그래서 대중과 멀어지고 도시에서 떠나면 자연스럽게
소박한 삶을 살게 된다. 소박한 삶은 또한 빚에서 벗어나게 한다. 생
산도 하게 되니 소비가 자연스럽게 감소한다. 괴로움은 반드시 제거
해야 스트레스를 유발하지 않는다. 스트레스가 없어지면 자연스럽게
건강한 삶으로 발전한다.

거미줄

"열심히 일한 당신 떠나라", "아파트는 오늘이 가장 싸다.", "욜로족", "빚도 자산이다.", "영끌해서 사라", "학원이 많은 지역으로 이사를 해라", "나이가 들수록 병원에 가까운데 살아라", "하차감" 각종 유행어는 모두 함정일 가능성이 크다. 언뜻 보면 좋은 문구 같은데 실상은 빚의 함정에 빠져달라는 문구들이다.

무의식적으로 세뇌되어서 나도 모르게 카드를 긁고 빚을 내고, 핸드폰을 사고, 차를 사고, 거기에 더해 과도한 빚을 또 내서 아파트를 사고, 결국 빚이 내 연봉을 초과하게 된다. 무리다.

빚의 함정은 무섭다. 한번 빠지면 평생 노예처럼 일해야 할 수도 있다.

신문 기사를 보면 기사인지 광고인지 모를 기사가 많다. 언론사의 주주들이 누구인가? 많은 기사가 광고주나 언론사 대주주의 의도에 따라 나온다. 신문 기사를 조심해야 한다.

살아가다 보면 함정이 많다. 곳곳이 함정이다. 제대로 돈 공부를 한 적이 없고, 소비에 대한 통제를 배워본 적 없는 청년들이 파놓은 함정에 빠지는 것은 어쩌면 너무나 당연하다. 신문 기사를 믿고 유행에 따라가다 보면 파놓은 함정에 빠질 가능성이 많다.

빚의 함정에 한 번 빠지면 헤어나기 힘들다. 게다가 빚은 대물림이 되니 얼마나 끔찍한가?

나는 가성비 따지는 걸 좋아한다. 중고 제품도 좋아한다. 스마트폰도 중고로 쓴다. 골프를 치지만 그건 은퇴가 가까워져서 치는 것이다. 그동안은 한국골프장은 너무 비싸서 치지 못했다. 골프채도 중고다. 자동차도 중고다. 이쯤이면 거의 중고 애호자다. 새 차는 처음 살 때만 기분이 좋다. 자동차나 스마트폰이나 아파트를 100% 처음부터 현금으로 사는 사람은 거의 없다. 비싼 핸드폰도 공짜 핸드폰이라는 광고로 산다. 6개월 비싼 요금제 그리고 2년 유지하는 약정 핸드폰들이다. 이런 것들이 어찌 공짜 스마트폰이란 말인가? 이미 요금제에 다 녹아 있다. 빚의 함정이다.

한국은 와이파이가 얼마나 잘 되어 있나? 덕분에 어느 순간 익숙해져서 무분별하게 데이터를 무제한으로 쓰게 된다. 이런 것들이 모두

다 빚의 함정이다.

이런 것들이 비근로소득을 만드는 데 방해가 되는 요소들이다. 이런 것들만 줄여도 근로소득이 아닌 비근로소득으로, 노동의 수도꼭지만이 아닌, 또 다른 수도꼭지를 만드는 데 도움이 된다. "티끌 모아 태산이다", "천 리 길도 한걸음부터다" 그러나 이런 것들도 무색하게 "티끌은 티끌이다" 라는 말을 유행시켜 원초적으로 절약을 무색하게 만들고 있다.

달러 투자를 해보고, 1원의 소중함을 알았다. 수수료가 0.5원에서 1원만 되어도 긴장이 된다. 단위가 커지면 수수료 금액도 함께 커진다.
신문 기사인지 광고인지 모를 모호한 기사들이 얼마나 많은가? 신문은 광고주의 대변인이다. 나도 모르게 유행어를 통해서 또는 언론을 통해서 세뇌 당한다. 나는 그래서 신문을 잘 안 본다. 대부분 책을 본다. 책도 도서관에 가면 얼마든지 많으니 도서관에서 빌려본다. 보고 싶은 책은 사달라고 요청하면 없는 책이면 거의 다 사준다.

우리 사회는 곳곳에 함정이 있다. 욕심이 있는 곳이라면 어디든 있다. 오히려 더욱더 많이 분포되어 있다. 기억하자. 함정에 빠지지 않는 것만으로도 인생은 행복하고 즐거울 수가 있다.

생산과 소비를 즐기자

생산의 즐거움이란 남자가 사냥하는 즐거움이랑 비슷하다. 내 가족을 위해 충분한 먹거리를 만들어 왔을 때, 남자로서 뿌듯함을 느낀다. 작은 것이지만 내가 생산하는 것으로 먹거리를 만들거나 공방을 통해서 소소한 만들 거리를 만드는 재미가 너무 좋다. 우리에게는 기본적으로 사냥의 유전자가 있고, 육아와 요리에 대한 유전자가 있다. 그러나 요즘은 다들 획일적으로 비슷한 근무 환경에서 일하며 직장을 다니니, 그런 유전자가 여전히 남아 있는지는 모르겠다.

공동주택은 이미 그런 유전자를 빼앗기에 충분하다. 집에 왔을 때 할 수 있는 일이 무엇이 있을까? 주변에는 외식할 수 있는 곳이 널려 있다. 고추장, 된장, 간장, 김치 등 각종 반찬을 다 만들어서 판다. 너무 편하다. 적당한 편안함은 즐거움이 될 수 있으나, 너무 편안하면 살을 찌우고 병을 만든다.

단독주택에 오면 본능도 살아난다. 과도하지 않은 텃밭은 즐거움이다. 즐거운 노동이다. 즐거운 놀이터며, 내가 먹을 것을 생산해내는 아주 소중한 야채 시장인 셈이다. 단감나무 하나만 심어도 가을에 온 가족이 먹을 감이 나온다. 블루베리 나무 한 개면, 한여름 동안 충분히 먹는다. 고추 모종 3개만 심어도 한해 충분히 풋고추를 따 먹을 수가 있다. 가지와 오이 등 웬만한 채소는 거의 다 키울 수 있으며, 큰 면적도 필요하지 않다.

나는 음식물 찌꺼기도 버리지 않고 퇴비를 만들어 쓴다. 어떤 사람은 인분도 버리지 않고 퇴비를 만드는데 나는 그 정도까지는 아니다.

직접 만들어 쓰는 음식물 퇴비 재활용 통

음식물 쓰레기를 퇴비로 만들어 쓰는 것은 어렵지도 않고 냄새도 나지 않는다. 재활용이다. 만드는 방법은 큰 고무통 2개 밑에 구멍 뚫어 일부는 땅속에 묻는다. 한 통으로 1년을 채운다. 다 차면 퇴비화 발효시키고 다른 통으로 다시 1년을 채운다. 그렇게 반복한다.

음식물 쓰레기조차 재활용으로 쓰니 퇴비를 사는 비용마저 아끼게 된다. 오로지 소비만 하면 노예와 다름없지만, 생산과 소비를 같이 하면 최소한 노예는 아니다. 내 먹거리를 내가 만든다. 직접 된장을 담근다. 취미 공방을 통해 내가 쓸 물건을 내가 만든다. 이런 생산 활동들은 소비 못지않게 소소한 기쁨을 안겨준다.

들은 소비 못지않게 소소한 기쁨을 안겨준다.

　내 블로그 제목이 의미 있는 삶이다. 이 세상에 있는 모든 것들은 의미가 있다. 하물며 내가 걸려 넘어지는 돌도 의미가 있다.

　아이들의 미래를 어루만지는 선생님의 삶도 있을 것이고, 아픈 사람을 치료한 의사의 삶도 있을 것이고, 사람들에게 영적인 안식을 주는 종교인의 삶도 있을 것이다. 책을 통해 과거의 지식을 미래의 세대들에게 전해주는 삶을 사는 사람도 있을 것이다. 또한 아름다운 시를 써서 사람의 마음을 살찌게 하는, 여러 의미 있는 삶이 있을 것이다.

　농사를 짓는 사람은 자신이 농사지은 것으로 많은 사람이 먹고 살아가니 얼마나 의미 있겠는가? 자동차를 만드는 사람은 내가 만든 자동차로 많은 사람들이 자유롭고 빠르게 이동하니 얼마나 큰 의미인가? 서비스 업종에 종사하는 사람들은 내가 한 서비스로 많은 사람이 행복하고 만족하니 좋은 것이고, 식당을 하는 사람들은 내가 만든 음식으로 많은 사람이 기쁘게 먹어주니 의미가 있다. 그저 단순히 돈을 벌기 위한 일이라고 하더라도 그것도 나름대로 다 의미가 있다.

　즉 누구나 다 이 세상에서 나름의 존재 의미를 가지고 있다는 것이다.

　의미 있는 삶이 직업과 연관되어서 살아가는 사람도 있을 것이고, 돈과 연결되지 않은 의미 있는 삶도 있을 것이다.

죽을 때까지 꿈을 꾸는 삶은, 의미 있는 삶이라고 생각한다. 특히 은퇴 후에 꿈이 없다고 하면 살아도 살아 있는 것이 아니라고 생각한다. 현직에 있을 때보다 특히 현직을 떠나도 꾸준히 목표를 가지고 꿈을 가지고 살아간다고 하면 그것이 의미 있는 삶이라고 생각한다.

나는 요즘 은퇴 후에 의미 있는 삶으로 한국어가 필요한 곳에서 한국어를 가르쳐 줄 수 있기를 꿈꾼다. 가르침 속에서 의미를 찾고 싶다. 한국어는 잘 만들어 놓은 언어다. 쓰기 쉽고, 읽기 쉽다. 물론 의미를 알아가는 것에는 시간이 오래 걸리지만, 읽고 쓰기는 무척 쉽다. 이건 한국 사람이라서 그런 것이 아니다. 실제로 쉽다. 한류가 요즘 유행이라 외국에 가면 한국어를 하는 사람을 종종 찾아볼 수가 있다. 그러나 한국어를 체계적으로 가르쳐 주는 곳은 잘 없는 것 같다. 한국 사람들이 쓰는 어휘를 보면 한국말이 있는데도 불구하고 다른 나라 말과 섞어 쓰는 사람이 많다. 대체할 수 있는 한국말이 없다고 하면 얼마든지 외국어를 갖다 쓸 수가 있을 것이다. 그러나 너무 무분별하게 섞어 쓴다. 읽고 쓰기 쉬운 한국말이다. 언어학자들이 인정하는 한국어의 우수성이다.

요즘은 번역 앱이 너무나 잘 되어 있다 보니, 앱을 잘 활용하면 다른 나라 말을 배우지 않아도 웬만한 의사소통을 다 할 수 있다. 그런 것은 좋은 것 같다. 그래도 가장 근본적인 것은 바뀌지 않는다. 쓰고 읽고 하는 언어를 직접 배워야 그 나라를 이해하고, 문화를 배우고, 역사를 배우는 데 편리할 것이다. 아무리 번역 앱이 잘 되어 있어도 언어는 그 나라의 힘이다. 언어 자체가 한 국가의 가장 강력한 비즈니스 도구가 될 수도 있다.

그런 의미 있는 삶을 살아가라면 사람에 따라서 돈이 필요할 수도 있을 것이다. 끊임없이 나오는 샘물이 있다고 하면, 나 자신이 근로소득에서 벗어나면, 즉 돈 버는 것에 내 육체가 벗어난다고 하면 더 다양하게 재미있고 의미 있는 삶을 살 수가 있을 것이다.

직장인들은 현대판 노예라고 한다. 시간과 돈으로부터 자유롭지 못해서다. 그러나 직장에서 하는 일들이 나름대로 다 의미가 있다. 나름대로 의미 있는 삶을 잘 살고 있지만, 직장을 그만두었을 때 자칫 잘못해버리면 그 의미 있는 삶을 다시 찾기가 쉽지 않을 것이다.

돈이 목적이 될 수는 없다. 돈은 우리가 살아가는데, 내가 의미 있는 삶을 사는데 필수적이다. 즉 내가 하고자 하는 것에 대한 수단이다. 돈은 우리에게 몸속에 흐르는 피 같은 존재이다. 그런 피가 목적 자체가 된다고 하면, 그건 의미 있는 삶이 아니다.

대부분은 돈이 부족하기 때문에, 그것을 계속해서 구해야 하므로, 의미 없는 일을 해야 하기도 한다. 또는 돈은 충분히 모았더라도 그동안 했던 일의 단절로 정체성의 혼란을 겪기도 한다. 직장에서 열심히 일하고 저축하고 살아왔다고 해도, 막상 은퇴 후에는 앞으로 살아가기에 충분하지 않은 금전적 압박으로 은퇴 후의 삶이 우울해질 수 있다. 준비되지 않은 은퇴는 앞으로의 삶이 힘들 수도 있다.

정보가 넘쳐나는 세상이다. 그렇기에 정확한 정보를 파악하기에 더 힘들다. 넘쳐나는 정보가 우리를 혼란스럽게 한다. 삶의 의미를 잃어버릴 수도 있다.

2019년부터 코로나19가 전 세계적으로 유행했다. 마스크도 강제적으로 쓰고, 백신도 반강제적을 맞았다. 백신을 맞지 않으면 일상생활을 할 수가 없었다. 관공서, 식당 등에 가려면 백신 접종 증명서가 필요했다. 4차 산업의 혁명 효과인지 SNS가 너무 잘 발달하여서, 어쩌면 그런 공포감을 유발해 백신 맞고 마스크 안 쓰면, 죽는 줄 아는 사람이 많았을 것이다. 코로나 엔데믹 공식 발표에도 아직도 마스크 쓰고 다니는 사람이 있는 것을 보면 얼마나 많이 세뇌되어 있는지 알 수 있다. 백신을 4차까지 맞았으면서도 마스크를 쓰고 다닌다. 4차 접종을 한 사람이 항체가 생겼는지 검사하는 것을 본 적이 없다. 아는 사람은 알 것이다. 감기 바이러스는 변형이 자주 생기기 때문에 백신이 없다고 한다. 백신을 만들면 다른 형태로 변형이 되니 이미 만들어 놓은 백신은 효과가 없을 것이다. 코로나도 감기 바이러스의 한 종류라고 한다. 김상수 한의사의 『코로나 미스터리』책을 보면 알 수가 있다. 알렉상드라 앙리웅 코드의 『마법은 없었다』를 보면 그 백신이 얼마나 위험하고 효과가 없었는지 알 수 있을 것이다.

그러나 각종 언론은 SNS를 이용해 자연스럽게 정보를 전파했다. 백신을 나 자신을 위해 맞는 것이 아니라, 마치 백신을 안 맞으면 남에게 피해를 준다는 식의 내용이다. 때문에 남을 위해 강제적으로 맞은 사람도 있을 것이다.

도시를 떠나서 단독주택에 사는 사람들은 코로나와 무관하다. 백신을 안 맞아도 먹고 사는 데 지장이 없다. 직장을 다니는 경우가 아니라면 또한 식당에서 음식을 사 먹는 경우가 아니라면 백신을 안 맞아도 될 것이다. 그러나 거의 강제적으로 백신을 다 맞았을 것이다.

지금은 코로나 팬데믹이 끝났다. 코로나 백신을 4차까지 맞았으면서 나는 코로나 항체가 생겼는지 안 생겼는지 검사한 사람을 보지도 못했고, 항체가 생겼다는 기사도 본 적이 없다.

함정은 전 세계 곳곳에 있는 것 같다. 역행자처럼 역발상도 필요하다. 대중이 하는 것과 반대로 살고, 반대로 생각해 본다. 도시로 집중할 때, 도시를 떠나고, 먼발치서 바라보면 안 보이던 내가 보이고 내 삶의 방향도 보인다.

도시탈출
비근로소득의 시작

2024년 4월 1일 초판 1쇄 발행

지은이 ｜ 유장수
편집인 ｜ 이경민
책임편집 ｜ 이경민
표지 및 디자인 총괄 ｜ 이경민
제작 · 마케팅 총괄 ｜ 이경민
출판 총괄 ｜ 이경민

발행인 ｜ 이경민
발행처 ｜ 마이티북스

© 마이티북스

출판사 연락처
전화 ｜ 010-5148-9433
이메일 ｜ novelstudylab@naver.com
홈페이지 ｜ http://마이티북스.com

ISBN 979-11-984193-4-7

도서 제작 과정에서 아래의 폰트를 사용했습니다.
본문 내지는 'KoPub고딕체, KoPub바탕체, Noto Sans CJK KR, 태백은하수체'
표지 제목은 '서울남산체'와 '서울한강체'를 사용하였습니다.
창작자들을 위해 무료로 배포해준 폰트 제작자 여러분에게 지면을 빌려 감사의 마음을 전합니다.